人本教练
模式

REN
COACHING MODEL

黄荣华
梁立邦 / 著

北京联合出版公司
Beijing United Publishing Co.,Ltd.

图书在版编目（CIP）数据

人本教练模式 / 黄荣华，梁立邦著 . -- 北京：北京联合出版公司，2017.4（2025.2重印）

（人本教练系列图书）

ISBN 978-7-5596-0117-9

Ⅰ. ①人… Ⅱ. ①黄… ②梁… Ⅲ. ①教练员—人才培养 Ⅳ. ① G808.191

中国版本图书馆 CIP 数据核字（2017）第 079543 号

人本教练模式

作　　者：黄荣华　梁立邦
出 品 人：赵红仕
选题策划：北京时代光华图书有限公司
责任编辑：李艳芬　徐秀琴
特约编辑：任红波　太井玉
封面设计：新艺书文化
版式设计：刘伊娜

北京联合出版公司出版
（北京市西城区德外大街 83 号楼 9 层　100088）
北京时代光华图书有限公司发行
涿州市京南印刷厂印刷　新华书店经销
字数 180 千字　787 毫米 ×1092 毫米　1/16　17 印张
2017 年 4 月第 1 版　2025 年 2 月第 12 次印刷
ISBN 978-7-5596-0117-9
定价：49.00元

版权所有，侵权必究
未经书面许可，不得以任何方式转载、复制、翻印本书部分或全部内容。
本书若有质量问题，请与本社图书销售中心联系调换。电话：010-82894445

第五版访谈录

《人本教练模式》即将第五次出版，这本书见证了教练业22年的发展，每一次再版黄荣华女士都会增加一篇序言，叙述教练业在不同阶段的变化历程。本次再版适逢"教练技术变革工程"启动，自从2016年9月18日黄荣华女士在上海宣布这项举足轻重的工程启动之后，在她的推动下，"教练技术变革工程"的足迹已经在北京、上海、深圳、广州、厦门、长春、西安、太原、遵义等地展开，未来还将会进入江浙一带、齐鲁大地，以及东北三省。各地对于这项工程反响之热烈、市场口碑之好让人始料不及，为此，我们对黄荣华女士进行了采访。

1. 什么是"教练技术变革工程"？

我发现曾经学过教练技术的同学都很渴望有新的进步，却苦于找不到方向。由于市场环境的变化，教练技术逐渐被各类型的培训同质化而导致大部分人在理解上有偏差。他们都想从我身上追溯源头——究竟教练技术是什么？他们也很希望从我这里了解到接下来教练技术的发展方向。在第三代教练技术的基础上，我提出了"修行"这个方向，很多同学犹如醍醐灌顶。

有些上过教练技术课的同学往往不能有效地使用教练技术，因为他们缺乏个人内在的修为，只把教练技术作为工具，而忽略了使用工具的人。在"教练技术变革工程"中，我们提出让自己先成为被教练的对象，把矛头转向自己。无论是企业人、专业教练，抑或培训师，都必须要有所修行，因为你会影响很多人。

我认为修行并非做些不食人间烟火的行为；当然有些人会与宗教式的修行结缘，但大部分人都是尘世中的凡人，生活是很实际的，无非是衣食住行，行住坐卧。教练技术的产生本身就来自于日常生活，现在我们把教练技术作为修行的工具，这套法门再适合现代人不过了，或者说更适合在凡尘中的生活。这对于教练技术现在所处的发展阶段来说也更为实际。

2. "教练技术变革工程"有什么具体内容？

"教练技术变革工程"是一套完整的终身修行系统，借助人本教练模式作为修行工具，培养学生福德气质，循序渐进地引导学生进入量身定做的修行计划，成就其富贵人生。

第一堂课是"心觉知"，从科学的角度理性与感性并重地认识"人生即是一场修炼"。"修行"从抽象的两个字变成了立体而丰富的日常。行住坐卧，起心动念，说话做事，待人接物，处处皆可修行。

所有我们在事业上、感情上、家庭上、财政上、健康上遇到的问题，都是自我意识的产物，其根本归咎于"心念"。人本教练模式一贯是从整体把握事物，从更高层面理解并解决问题的。因此在第一堂课，我们让大家了解"心"为何物，其力量究竟有多大，会带来怎样的结果。此谓"理"入。

第二堂课是"身觉知"，是在第一堂课了解"心"之力量的基础上，进一步去体验"心"的能量，将意识从肉身扩大到身外，放下对于"自我"的执着，破除限制心性光明的桎梏。这堂课将会加深同学们修行的信念，帮助同学们扫除心性上的沟坎和屏障。通则不痛，痛则不通。心念通了，生活和工作中碰到的困局，自会峰回路转，迎刃而解。此谓"体"入。

第三堂课，我们把它叫作"善觉知"。将自己的所学所知所行分享给更多人。"天道好还，无往不复。"舍与得，施与受，同为天道循环，本自平等，无贵无贱，无尊无卑。我们从天地之间学习，也反哺天下，这才构成往复循环，达成阴阳平衡。虽然我们称之为"善"，但更应不计其"名"，而计其"实"。这是一堂非常重要的人生课。

第四堂课，我们把它叫作"恩觉知"。从"恩"字的结构上看，其从"因"从"心"。第四堂课是关于"心性、因果"的总结。从心觉知、身觉知、善觉知到恩觉知，基本上是一个季度的历程，在这段时间内，同学们从了解心性到体验心性，再到磨砺修行心性，整个人都会有所改变。心地改变了，气质改变了，人际关系改变了，人生局面改变了，气色也改变了。

"恩觉知"也是终身修行的关键一步。前面几堂课只是一段有限的时间，课程会结束，人生还要继续，故修行需要伴随一生。"恩觉知"将会推同学们一把，使之终身修行不懈怠。我们非常希望同学们在掌握了这套修行的方法后，成为终身修行的"人本行者"。

3. 为什么要将此修行系统称为"人本教练尊贵传承"？

其实光有"富贵"并不能代表一个圆满的人生。圆满的人生是"功成名就身退"。取得到功名，守得住品性，退得起得失。能攻能守能退，这样的人生何以有败？不正是我们想要追求的吗？不正是我们想传承给子孙的吗？

无论是中国人，还是西方人，都非常重视对于后代的教育和培养。身教大于言传，多说无益，只有修行好自己，自然而然就会树立起榜样，建立起良性场域，那么财富、健康、福荫便会顺应传承下去。

4. 这次再版的《人本教练模式》会有新的内容吗？

《人本教练模式》总发行量超过百万册，被中国99%以上的教练机构作为教材使用，堪称教练业的经典教科书。《人本教练模式》教授了一套教练过程的基本步骤及教练的核心能力。打一个比方来说，《人本教练模式》如同一套功夫，它教会了教练的基本套路和手法；《人本教练模式》也好似一个罗盘，它指引着教练的前进方向，如大海航行，只要跟着罗盘的方向，就不会迷航。

同学们想熟练掌握这套教练的功夫必须勤加练习，然而要发挥出非凡的效用，则要重视自身的内功和修行。我和外子将《人本教练模式》的研究再次深入，在不久的将来会出版新作，将教练的视界由外转向内，离相入心，全心即境，全境即心。在传承中国文化、恢复文化自信、彰显华夏之风的今天，教练技术也要走出以术示人的窄巷，成为现代人的修行方法，达人达己，担荷如来。

推荐序

　　我与黄荣华女士相识已经十多年。我们在不同的国家和地区（美国、中国香港、俄罗斯、中国内地）共同学习和工作过。我们同时作为教练和学员，彼此从对方身上学到了许多。在我眼里，她非常专业，有创意、关爱精神和深邃思想，对别人的成长和成功很有帮助。在这么多年的教练与训练工作中，她曾经帮助过很多企业和个人将自己的潜力最大化，并取得了令人难以置信的效果。我很高兴，黄荣华融合了全部培训与教练经验，以及理论和哲学的探索成就写成了这本书。

　　尽管近年来教练行业发展迅速，对许多人来说，这仍是一个全新的事物。我想感谢本书的作者，与我们分享其实一直就存在于人们的文化之中而我们现在称之为"教练"的事物，让更多的人可以通过此书对教练这一行业得到更多了解和学习。"人本教练模式"建基于中华传统文化，而对自我的积极探索是中华文化中的关键部分。我们中国人的祖先也许并未使用过"教练"这个词，但是他们通过探索儒、释、道思想很自然地做着同样的事。

　　作者不仅告诉了我们教练的起源，而且还设计了一些极具价值的独特的教练技巧，并把他们对中华文化的理解和多年在各国实践的教练经验全都融入了极其有效的"人本教练模式"里面。这种极具创造性的结合，让"人本教练模式"对于实际的教练过程非常有帮助。

"人本教练模式"对于人的内在的深入挖掘，使我们更明白追求卓越的出发点。我相信本书能帮助从事教练行业的人士进一步加强教练过程的深度和效果，挖掘发展教练技术的更多可能性，从而使整个教练行业的视野和影响力也为之拓宽。

华路迪亚·苏斌 (Volodya Shubin)

华路迪亚·苏斌：俄罗斯著名的培训公司 Training & Coaching International(TCI) 创办者之一及总裁，俄罗斯国际培训及教练中心主席，东欧地区知名的专业培训主讲者及总裁教练，原戈尔巴乔夫智囊团成员。

曾出版过两本管理方面的著作，并发表三十多篇管理类的文章。

自序

"人本教练模式"的诞生源于一个梦想——让中国人做得更好。就是因为这一简单的追求，我们把教练技术带到了中国。借鉴中国悠久的传统文化，借用西方先进的管理工具，我们在实践中发展出了这套"人本教练模式"。

我们用十载心血总结出来的这套工具想要达到三个目的：第一，让更多的中国企业从企业教练中受益，提升管理水平，提高企业在世界舞台上的竞争力；第二，通过在各种世界教练交流平台上的亮相，大力弘扬中国的传统文化；第三，成为全球专业教练的定位仪，帮助更多的专业教练深化其教练技巧。

"人本教练模式"在过去的十几年中被超过十万人次以不同的方式实践、应用，让我们从中观察到迁善心态的密码。在这个过程中，我首先要感谢历年来一直与我共事的吴泳怡、何伟棠、陈丽英、李晓健、罗燕妮等优秀人士，他们夜以继日的努力和坚持，支持了一批又一批的客户使用这一套工具。客户的捷报成为他们努力背后的原动力。

在芸芸客户群中，无数的企业家创造出了不少经典的案例。在此我们要特别感谢今日投资集团董事长何伯权先生。他早在1999年便开始将教练技术运用到他当时领导的乐百氏集团，为后来的企业家树立了典范。

另外，华帝股份有限公司原总裁黄启均先生的坚持及其先见之明，使他在2003年将教练技术引入管理层。适逢其上市前面临"非典"的考验期，这套工具作用发挥得淋漓尽致，他的团队创下骄人的业绩，公司成功上市。

在我们创作"人本教练模式"的过程中，获益于一群不同时期的良师益友的帮助。首先是我们诚挚的好友华路迪亚·苏斌。这位优秀的原戈尔巴乔夫智囊团成员，也是一位多才博学的管理学博士。当初他不辞劳苦地多次从莫斯科来华协助我们共同策划这套"人本教练模式"的初稿。其后，我们得到恩师隆纳·海菲兹（哈佛大学肯尼迪政府学院公共领导力研究中心创始人之一）的启蒙，他的"调适性领导力"更为这套工具的创立起到了画龙点睛的作用，使这套工具的体系更为完善。另外，企业教练界元老添·高威（Timothy Gallwey）先生亦贡献了不少宝贵的意见。还有睿智的孙天伦博士，以其渊博的心理学专业知识诠释了这一套工具的框架。

这次《人本教练模式》得以顺利出版，要多谢金伯杨先生为我们做资料搜集及分析。感谢他那份包容及忍耐，为了配合我们日夜颠倒的工作时间，陪伴我们穿州过省，往往彻夜深谈，从不抱怨。《人本教练模式》不只是一本书，也是一件有感情、会说话的艺术品。

最后在此感谢我的父母带给我一颗跳跃的心，感谢我的女儿家媛让我们真正学会"幼吾幼以及人之幼"的精神。也感谢众多为企业教练技术发展做出贡献和正在努力的人们。大千世界，以人为本，愿本书能够帮助更多的人经营梦想，品尝生活。

"人本教练模式"的诞生源于一个梦想——让中国人做得更好。就是因为这一简单的追求,我们把教练技术带到中国。借鉴中国悠久的传统文化,借用西方先进的管理工具,在实践中发展出了这套"人本教练模式"。

上述的一段话写在多年前的《人本教练模式》的序言里,当中提到的梦想依然未变。这十多年来有很多人问过我是什么催生了这个梦想,十多年之后也有很多人问我是什么让我坚持着这个梦想。我想很简单,就是因为一种"情结"……

这个梦想起源于一次不经意的一问一答之间,它让我开始了一段刻骨铭心的人生旅程。

1986年,当时我是加拿大驻华大使馆南中国商务办事处的商务官,我陪同加拿大商务代表团到广州。当年,从香港到广州需要坐两个多小时的火车,但在那个时候广州就好像是另外一个世界,香港与中国内地截然不同。这一座我叫作"家"的城市——香港——拥有自由贸易港口、时髦的西方时尚和文化。对于许多香港的居民来说，中国内地是"在边境另一边的地方"。

毫无疑问，香港是一座移民城市，因为绝大多数的居民都是来自"边境的另一边"。我的父母也在其中。我父亲年轻的时候因为经商，从福州到了香港。而我的母亲则出生在上海，在她二十来岁的时候，独自一人跑到香港寻梦。他们年轻时候的生活对我来讲是一片空白。我只知道父亲是家中独子，而母亲是个孤儿，她在四岁的时候已经由爷爷、奶奶抚养。内地对于我来说也是一个空白页，直到我那一年首次访问内地。对于一个在香港土生土长的人来说，当年到广州就好像走过时光隧道去到另一头的城市。在香港，车水马龙、名牌房车到处都是，而在广州却有满街的自行车。我还清楚地记得我问我自己，红绿灯在哪里呢？在进城的第一天，我甚至难以拿出勇气来横过马路。当我还犹豫不决的时候，一名商务代表团的加拿大成员拉着我的手并且快速地越过了马路，然后他不经意地问了我一个问题。

"你是哪里人？"

我想他能听得出来我能说流利的普通话，但是又显得那么不适应这里的节奏，想知道我是不是本地人。

我毫不犹豫地回答说："香港。"

语音刚落，我的内心深处冒出了一个问题。同时，在电光石火之间我经历了一种很奇妙的体验，我说不出来是什么，我只能形容它如电击一般。我还很清楚地记得这个让我感到触电的问题：我身在中国，为什么我不说我是来自中国？紧接下来是一连串的质问：当我说我来自香港，我的意思是什么？我为什么没有一个词来形容、来描述自己的国籍？世界上其他人都很容易介绍自己，我是美国人，或英国人，或日本人，但我……我应该怎么说？我来自香港？我是香港人？

之后，我花了很长时间去思考这些问题，甚至用更长的时间来为这些问题做些事。

对我来说，"你是哪里人"这个问题引发了一百多个问题。我属于哪里？我怎么样过我的生活？我是否充分活出了这个生命的价值？我的根在哪里？带着这样的思考，我开始重新寻找我人生的道路。

从此之后，凡是有人问我是哪里人，我的答案是：

"我是中国人。"

生在内地的朋友可能无法理解我在找到这个答案后的那份感动和自豪。我庆幸自己找到了这样一个答案，庆幸自己选择在这样一个历史变革的时代回到祖国，庆幸自己有机会成为改革开放的生力军之一。我那时的愿望是：通过教练和培训去开发人的潜能，帮助促进经济发展。然而，培训业在当时的中国可以说是一片空白，更不用说把传统的教练概念移植到人力资源培训的领域里。甚至在亚洲的发达地区，运用教练在企业中培养人才都是一种新思维。当时为了便于推广，我们还专门为这个兴起的专业创作了一个新名词：教练技术 (Coaching Technology)。1995年，我用微薄的资源成立了汇才人力技术有限公司，一位法律界的伙伴创作了"激扬禀赋、启导宏才"这八个字来表达我们的理想。汇才作为载体承担着这一份使命，感召了许许多多有理想的人一起来为祖国的复兴而努力。从1995年到2007年，汇才的足迹遍布大江南北，从深圳到北京、从海内到海外。我们通过教练技术创造了无数的、传奇的故事，当中有非凡的企业成就，也有温馨家庭、亲子关系和令志愿者感动的故事。我开创的公益项目"成长心连心"受到志愿者和教育界的认同，其举办的次数之多和范围之广，甚至比我们的培训业务更多、规模更大。十几年来，汇才默默地不断超越自己，从课程研发到出版、从学术调研到海外知名度。几年之间，汇才获得无数掌声和荣誉，包括作为加拿大在华优秀企业获得时任总理温家宝的接见。2005年，一切准备就绪，汇才宣布上市之路启航。我们要成为第一家由华人经营的在西方上市的教育培训机构，藉此传播中华的软实力。同年，我创作了"五行企业社会责任模式"，在汇才人文机构内和客户之间推行，以此监督自己不要因为上市而成为金钱机器，紧守创业的初衷，"一切都是为了人"。然而，我们也跟其他企业一样，时刻面临着商业利益和人性变幻的冲击，游走在生存与死亡的游戏之间！缘起缘灭，汇才在最辉煌的时候落幕。汇才完成了她的历史使命，留下一大堆的遗产。

我看到：

"激扬禀赋、启导宏才""经营梦想、品尝生活"被引用着，"成长心连心"或直接沿用原名、或异其名而用其实，继续在各地传播着。

我还看到，教练技术终于在祖国开花结果。许多人因为学了教练技术提升了个人素质成为一名教练型的领袖，许多人运用教练技术改善了家庭和邻里的关系，还有许多国企、民企在使用企业教练提升绩效，有的市区医务系统把健康教练列为科学发展观的项目，甚至各级党校干部的教育培训，也开始把"教练技术"纳入培训系统，以提升干部素质。

教练技术与我们的老祖宗提倡的"修齐治平"的理论如此相符。

今天，教练业如雨后春笋，中外各式各样的教练技术也百花齐放。知名院校如哈佛和剑桥大学都有教练培训的课程，无数的案例和学术研究让教练技术蜕变成为一门学科。而我则深刻地体会到什么叫作"为而不争"，什么叫作"知天命"。感谢上苍让我有了这样的体悟！

但愿教练行业能够健康发展，但愿祖国能引领世界走向和谐。

这本书不是关于我个人的旅程，之所以写下这些感想，还是与这本书有关。

我有时甚至怀疑，当年如果没有人问了这样一个让我久久不能释怀的问题——"你是哪里人"，我会写出这样的一本书吗？

一个民族的复兴，是文化的复兴，是人的复兴。此刻的我只有一个平实的愿望：让"人本教练模式"在这样的复兴之路上，帮助人们不断贡献更多、更精彩的故事。

这本书与其他大多数的书籍不同的地方是，它的重点并不在于学习后可以提高多少出口的净值，可以提升多少人均生产总值……

这是一本关于人的蜕变的书。

这本书首先是由我的蜕变开始。

此刻，深刻体会到"知天命"的我：再一次经历一场生命的蜕变——

我更把它理解为一种使命的安排。

"你是哪里人？"

"我是中国人。"

于我而言：

无论如何，情系于斯；不管怎样，根系于斯。

黄荣华
写于温哥华

第一章
人本概念

「是什么制造了问题现象之间的高度相似性？是什么导致了同样的问题多次出现？理由可以找到很多，真正的答案只有一个：人。」

第一节 "人"的起源 /005

传统文化中对人的几点要求：一是人是相互支撑的，二是人要站起来，三是人要行仁义。

第二节 人本教练模式 /009

人本教练模式继承了中国传统文化的精华，把人看成立体而完整的整体，并且将人分成内外两面，以及Why（因何）、How（如何）、What（用何）三端。

第三节　生命计划　/016

生命计划就是在生命的空间坐标中，找到意义和目标，为人生订立一个清晰的方向。

第四节　教练之"道"　/021

人们在面临调适性问题的时候，需要运用教练技术来进行调适，但教练仅停留在调适阶段，最终激发对方采取行动，达成目标。

第五节　领导力模型　/032

有了激情，然后做承诺，采取负责任的态度，欣赏身边的一切，心甘情愿地付出，信任他人，开创共赢的局面，这些过程会增添更大的激情，从而可以感召到更多的人参与。

第二章
九点领导力

「激情、承诺、负责任、欣赏、付出、信任、共赢、感召、可能性，领导力模型里的这些节点，常常闪耀在我们的语言之中。」

第一节　激情　/041

激情的原因是真我价值，激情的出发点是自由选择，激情的外在表现是活出真我。

第二节 承诺 /051

承诺是执着于个人的自律，承诺就是看你的心思是放在哪里，承诺是你在说了以后体现出来的行动。

第三节 负责任 /061

负责任不是通过外界的强迫而产生的，只有当一个人内心愿意，才能真正负起责任；负责任同样可以被感受到，那就是一个人心态和行为上的主动。

第四节 欣赏 /070

现代人力资源的精髓之一，是把合适的人放到合适的位置上，核心就是欣赏。

第五节 付出 /079

因为自愿和主动，付出的人内心洋溢着喜悦；把焦点放在对方的身上，想让对方好上加好，每当看到对方些许的进步，付出的人喜不自禁。

第六节 信任 /089

信任取决于自己，只有自己才能决定是否信任，决定因为什么理由而信任。

第七节 共赢 /100

共赢的领导者知道让步，知道以退为进，把蛋糕做大了，让别人和社会都赢，他也就获得了更大的利益。

第八节 感召 /109

感召是影响和改变他人心态和行为的能力。感召是激发他人自愿行动的能力。

第九节 可能性 /118

人的局限性就是往往只看到一种可能,而且认为这是唯一的可能。

第三章
四步教练技巧

「人本教练模式是一个完整的体系,将教练过程归纳成四步教练技巧:厘清目标、反映真相、心态迁善和行动计划,这四个步骤是一个有效的闭路循环。」

第一节 厘清目标 /132

只有目标是"我的目标"时,人们才会珍惜和为之努力;只有当自己做决定的时候,人们才会全力以赴。

第二节 反映真相 /137

教练的所有焦点应该在对方,自己是中立和客观的,与被教练者之间建立起平等、互相信赖和真诚的沟通关系,这样才能反映真相。

第三节 心态迁善 /141

教练从改变信念入手，帮助对方从另外的角度看问题，在信念上有所迁善，心态因此而发生变化，行为也就有所不同，可以创造出令人惊喜的成果。

第四节 行动计划 /146

只有将计划制订得详细，才可以经常按照计划来检视行动，知道自己已经走到了何处，离目标还有多远。

第四章
四种教练能力

「聆听、发问、区分和回应四种教练能力是教练反馈和披露的工具，借助它们，教练帮助被教练者有效地变动他的约哈利窗。」

第一节 聆听 /156

教练要听的，是对方说出来而被一般人忽略的内容，以及对方根本就没说出来，但是在言语和神态上已经表现出来的内容。

第二节 发问 /163

教练是"无我"的镜子，在发问的过程中要保持中立的心态，以启发性作为发问的出发点，并且多问开放性问题，这样才能帮助对方看到自己的盲点。

第三节　区分　/167

教练区分的目的是反映真相,帮助对方看到自己的盲点,看到并迁善自己的心态,教练区分的方向是有利于被教练者清晰自己、迁善心态、开拓信念和达成目标的方向。

第四节　回应　/173

教练回应的是体验,是此时此刻真实的感受,而不是对错与好坏的标准,更不是对好坏对错的批判。

第五章
九种领导技巧

「每一个领导技巧与相应的领导力对应,是展现领导力的工具和方式,也是增强领导力的一种途径。」

第一节　挖掘愿景　/184

愿景的存在让调适成为可能,愿景让人们在不安中锲而不舍,最终产生创造力,愿景存在也是教练能够进行的重要因素。

第二节　设定目标　/188

基于价值的目标设定,实施者追逐的不仅仅是数字上的指标,而是看到一种标准,一种与自己的成长和生命息息相关的价值标准。

第三节　制定策略　/192

策略紧跟愿景和目标，策略先于行动。

第四节　资源整合　/196

从吸引资源到发现资源，仅仅是利用资源的起步，关键的一环是进行资源的整合和利用。

第五节　贯彻执行　/200

人本教练模式的精髓不是懂得概念，而是通过行动将概念发挥出来，以行动来展现执行力，从而创造出成果。

第六节　有效授权　/204

通过授权，授权者将庞大的企业目标轻松地分解到不同的人身上，将责任过渡给更多的人来共同承担。让人们更加投入地工作，产生了"四两拨千斤"的强大力量。

第七节　团队建设　/209

教练在反映对方的信念和心态时，要帮助对方看到，他生活在团队之中，他的信念与心态影响着他个人的行为，更影响着他与团队的关系，影响到团队的创造力和成果。

第八节 积极沟通 /213

作为重要的领导技巧,沟通贯穿于教练的始终,教练能力中的聆听、发问和回应,均是沟通的重要工具。

第九节 创新思维 /218

创新首先是一种思维的创新,创新的种子在人的脑袋中,人人都有创新的能力。

后记 /223

参考文献 /246

第一章

人本概念

「是什么制造了问题现象之间的高度相似性?是什么导致了同样的问题多次出现?理由可以找到很多,真正的答案只有一个:人。」

第一章 人本概念

在生活中，我们经常会听到这样的说法：对事不对人。这个说法要表达的意思很明显，就是我们关心的是问题发生的原因，以及相应的解决办法；我们只关注问题，在处理问题过程中所提到的观点和意见不是针对某个人，而是针对问题本身。

表面看起来，这的确是很好的解决方法，问题得到了解决，而且不会因为问题的处理而伤了和气。所以，在一些公司讨论问题或者提出建议的会议之中，"对事不对人"是比较流行的开场白。

"对事不对人"真的是很好的解决之道吗？当我们将观察的范围扩大，会发现解决问题后，同样的问题会被克隆到其他事情当中；当我们把考量的时间拉长，会发现已经出现并解决过的问题，会在几个月或者几年后出现同样的"翻版"。这些貌似不相干的问题，往往因为事件的不同或时间的推移而显得相互独立，让人们很容易就忽略其内在的联系。

是什么制造了问题现象之间的高度相似性？是什么导致了同样的问题多次出现？理由可以找到很多，真正的答案只有一个：人。

在教练技术中,"对事不对人"只是一种治标不治本的方法,彻底的解决办法应该是透过现象看本质,找到问题产生的根本原因。众所周知,除了自然界的一些不可抗拒的规律以外,人类社会面临的各种问题几乎都与人有关,哪怕是气候变化这样的自然现象,也与人类的行为紧密关联。比如说,近几年全球气候变暖,与人类对自然界的大肆破坏不无关系。无论是社会的进步,还是问题的产生,都离不开人的推动。人就是现象背后的本质,人就是产生进步或者导致问题的根本原因。

人是最重要的。在经济领域,大家熟悉的是产品的生产与销售,能够看到的是产品的流通,然而,处在经济活动各个环节中的"人"才是主角。从小的方面看,"人"制造了产品,创造了市场,同时也成为产品的销售对象。企业之间的竞争,表面上是产品与产品的竞争,实质上是人与人之间的竞争,说得更彻底一点,是"企业人"之间为了争夺消费者心理认同的意志较量。从大的方面来说,各种经济政策和法律条款的出台是为了规范市场——究竟是规范谁呢?当然是规范市场中的人,制定这些政策条款也是人们意志的贯彻。既然"人"是一切活动的关键,那么,在现实生活中,在企业的运作中,就不能只是"见物不见人",更应该重视"人"本身。

人本概念即人们常说做事情要追根溯底,处理问题要正本清源,这个根底和本源,就是"人"。正如唐朝刘禹锡在《天论》中所说:"人之所能者,治万物也。"基于这些理由,企业教练的出发点是人本概念。人本概念是相对物本概念而言的,就是把焦点从"物"转移到"人",从"外部空间"的开拓转向"内部空间"的探索,把人作为主要的对象和真正的核心。

与"对事不对人"不同的是，教练会经常说：对人不对事。这并不是否定"对事"的重要性，也不是把事情忽略掉，而是强调只有先把"人"的问题解决了，才能够从根本上解决"事"。"人"才是教练技术所关注的焦点。这种"以人为目标"的做法，在体育界反映得最直接，体育教练在训练运动员的时候，把所有的精力集中在运动员身上，他的目标和成绩是运动员的成长。

"教练"一词最早产生在体育界，后来西方有人将教练应用在企业管理中，创造出"企业教练"的概念，使之成为一门新的管理技术，很快就风行于企业界。尽管企业教练概念来源于西方，但是与中国的传统文化有异曲同工之妙，纵观流传数百年的道、儒，以及佛家文化，都是在论"人"。儒家偏重于人的入世，佛家偏重于人的出世，而道家的学问就更妙了，头头是"道"，人之入世和出世任其所欲。入世出世皆因人起，道儒佛家均为人存，重点还是在一个"人"字。

人是根本，人乃本源。尤其是当我们了解了汉字"人"的来龙去脉，将教练技术与中国古老智慧进行融合和嫁接，创造出富有东方文化特色的人本教练模式后，这门新兴的管理技术被赋予了更加鲜活的生命力，成就了更多人的人生。

第一节 "人"的起源

东方文化源远流长，博大精深，被誉为"中国魔方"的汉字则是东方文化的血脉载体。时代的发展，历史的痕迹，包含在汉字的演化进程中；智慧的沉淀，历史的继承，都可以从汉字中找到踪迹。汉字是中国文化的基因，汉字是中国文化的精髓，其光芒照耀着人类，同时也证明着人类。

"人"字的起源和演进也蕴含着文化的传承和智慧的光辉。最早的"人"字，是出现于公元前1400年商代的甲骨文。东汉许慎在《说文解字》里记载道："人，天地之性最贵者也，此籀文，像臂胫之形，凡人之属皆从人。""人"是象形字，"𠂉"像一个侧立的人（见下图），因为是侧立的，所以可以看到他的一臂一胫。对"人"还有一种象征意义的理解——"人"通过描绘出一个侧面站立的人，象征着人和动物最重要的区别：人能直立行走。

甲骨文的"人"字　　　　今天的"人"字

在早期，"人"就代表一种身份和地位。据史书记载，早期卜辞(卜辞：商代把占卜的时间、原因、应验等刻在龟甲或兽骨上的记录)，商王自称"一人"，晚期卜辞，商王自称"余一人"。在古典文献中，商周两代奴隶社会，其最高奴隶主称"一人""余一人"，以致有"天无二日，国无二君，人无二人"的说法，可见当时"人"的地位是很高的。

古人对人的研究由来已久，并且积累了很多影响深远的文字和成果。《周易·说卦》说："立人之道，曰仁与义。"清朝俞正燮说："人者，五行之秀，万物之灵。"洪秀全在《原道觉世训》中的说法是："天地之间人为贵，万物之中人最灵。"西方的论人之道不胜枚举，非常知名的是古希腊的一句谚语："人是万物的尺度。"

表面上看，汉字不过是一个符号，指称着对应的事物，但就在这对应的背后，还潜藏着中国人的情感、习惯，甚至本能。有一段关于"人"字的经文："撇捺互撑，站立为人。伏羲姓妊，女娲造人。人音通仁，仁义为本。不行仁义，非是真人。"这包含了传统文化中对人的几点要求：一是人是相互支撑的，二是要站起来，三是要行仁义。

许慎说："凡人之属皆从人。"仔细研究甲骨文，就不难发现由"人"而组合成字的奥妙（见下图）。比如两个"人"字，同向挨着就是"比"和"从"，背向而对就是"北"，一正一反构成"化"。许慎的解释是："从"，相听也，从二人；"比"，二人为从，反从为比；"北"，从二人相背；"化"，教行也。

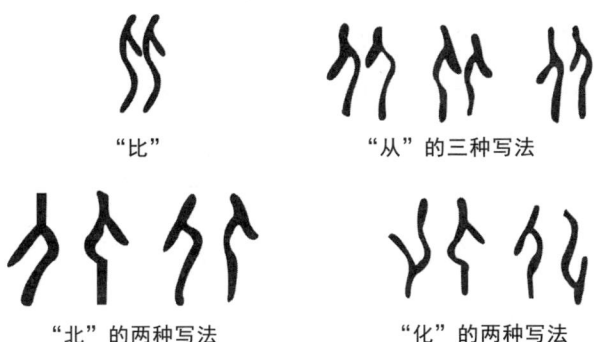

"比"　　　　　　"从"的三种写法

"北"的两种写法　　　"化"的两种写法

中国古老文化借助"人"字，早就道出了人类成长的共有规律：人的认识起点是"比"，通过人和人的比较而类推一切，善恶、苦乐、贫富、有无等等，皆是因"比"而来；"比"过之后，就进入"从"的阶段，模仿别人，学习经验；当自己有了认识和积累，就不服气，出现逆反心理，到了"北"的过程；然后到达"化"的境界，不盲目地"从"，也不极端地"北"，而是依据自己的生命要求转化各种能量，当然是朝着自己的方向。

"化"字的构成是很有意思的，一个人直立，一个人旋转。旋转象征着人自己的转变。在人与外界和自然的互动中，人要么改变环境，要么改变自己以适应环境，当改变环境受挫的时候，只有改变自己。长期的"比""从"，以及极端的"北"，人们逐渐养成了按照习惯行事的习惯，因循度日，跳不出许多窠臼而每况愈下，甚至出现恶性循环。这时候，不妨内察自身，调整和改变自己，进入"化"的境界。

以"人"为根的"化"，其实现过程何尝不就是教练的过程！这一点，从企业教练的定义就可以看出来："企业教练是一门通过完善心智模式来发挥潜能、提升效率的管理技术。教练通过一系列有方向、有策略的过程，洞察被教练者的心智模式，挖掘潜能，发现可能性，帮助被教练者有效地达成目标。"教练的焦点在"人"，教练的目标是使被教练者达成他的目标。在教练眼里，"人"的旋转意味着从不同的角度看问题，存在着无数新的可能性。

单纯一个"人"字，包含了无穷的智慧。世间苦乐，因人而起，事物变化，因人而异，道不尽人之精华，参不透人生奥秘。人本教练模式就是以人为本，以中国的"人"字为模板，融会东方丰富的文化内涵，借鉴西方先进的方法和工具，从而开发出的适应现代社会发展的一套管理模式。

第二节　人本教练模式

社会是由人组成的，人与社会密不可分，每一个人都应该是一个立体的人、一个完整的人。人不能不了解外界，也不能不了解自身，只有内外和谐的人，才是完整的人。这就是古代一直强调的"天人合一"。《大学》的核心思想，归纳起来就是18个字："格物致知诚意正其心，修身齐家治国平天下。"意思是说人要推究领悟事物的原理，就要使意念诚实，端正心态，提高自己的修养，从而治理好家、国，以及天下，讲的就是从内及外的道理。

《中庸》是儒家的处世哲学，影响中国历史几千年，其中也贯穿了内外和谐的思想。在《中庸》里有这样一段话："故君子不可以不修身；思修身，不可以不事亲；思事亲，不可以不知人；思知人，不可以不知天。"也就是说，君子不能不完善自己；完善自己，不能不推己及人；推己及人，不能不尊贤知人；尊贤知人，不能不深谙自然。只有按照知天、知人、事亲、修身这样的途径来做了，才有可能治理天下国家。

教练的焦点在"人"，但是这个人并不是狭隘、固定的"人"，而是动态的、充满很多可能性的人。教练着眼于挖掘人的潜能,致力于帮助被教练者看到并打开各种自我设限的框框,同样也是一个从内到外的过程,被教练者最终实现目标,达到内外和谐。

人本教练模式继承了中国传统文化的精华,把人看成立体而完整的整体,并且将人分成内外两面,以及Why(因何)、How(如何)、What(用何)三端(见下图),以便更全面地理解人本身。

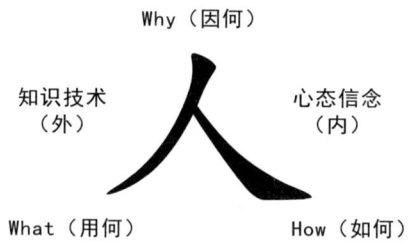

人的两面

每个人都有内外两面。内,就是内在的东西,潜藏在人的性格之中,无时不在,无时不发挥作用,隐藏很深,不易觉察却力量巨大,决定着人的举止行为和发展方向,儒家反复提到的正心、修身,都属于内的范畴;外,就是人外在的表现,或者通过后天学习而得到的东西,更多地表现为一个人所拥有的专业技能等方面。教练技术作了一个简单明了的分类,将心态和素质归结为内,将知识和技能归纳在外的范畴。

道家的宗师老子说的两句话很好地概括了人的两面,第一句是

"为学日益",意思是你学习身外的知识,会天天有进步,有收获。第二句是"为道日损",也就是说你要求"道",天天要甩掉一些东西,天天有损失。某些概念甩掉了,某个习惯甩掉了,某个自以为是的观念甩掉了,"损之又损,以至于无为"。甩掉的是旧框框,产生的是可能性,损失的是过去,得到的是未来。不言而明,"为学"倾向于外,"为道"倾向于内。增加知识和技能的学习经历,伴随着每个人的成长。胎教的时候读唐诗,是想让下一代能够熟读唐诗。然后进入小学、中学和大学,攻读语文、数学、物理等各种知识,学习经济、市场、财务等专业技能。"为学日益",人长大了,知识也丰富了,立足社会的技术也掌握在手了。

如果一个人将所有的东西形诸于外,而忽略内在的素质,没有良好的心态,那么这个人将是残缺不全的,残内而坚外,所行所为容易走偏,也很容易陷入痛苦,并且让别人也产生痛苦。这一点,《礼记》中的《经解》说得再明白不过:"《易》之失,贼;……洁静精微而不贼,则深于《易》也。"《周易》的思想是从科学到哲学,涵盖广阔,玄妙无穷,熟知《周易》便上通天文,下知地理。然而,一个人手掐八卦,未卜先知,别人未知未觉,他却知道了一切,如果他的心术不正,那别人就大祸将至了。所以说,通晓天文地理固然重要,做人更重要,居心不良的人,其知识越多,做坏事的本领就愈大,于是就"《易》之失,贼"了。清静精明、细致入微而又不悖正道,那才是深刻地理解了《周易》。

不少企业在选择人才的时候,会同时考察内外:能力是基础,心态是关键。有位企业家用人的标准是德为先，所谓"德"，就是对人才内在的感觉和评价。他用一个比喻来解释这个标准：一辆在路上飞奔的汽车，如果方向跑偏，速度越快，毁灭性就越大。

一个完整的人，必定是内外兼修，由里及表，和谐统一。这就像练武功，知识和技能犹如各种套路，攻读MBA，取得专业资格，掌握了一门技术，都不过是学会了其中的一种套路，如果缺乏内在素质，这些套路就会成为花拳绣腿，难以让人心服口服；心态和素质就像是内功，内功练好了，套路才会发挥出强大的威力。武术上讲练剑的最高境界是手中无剑，心中也无剑，却能令对手感到剑剑威风，震慑心魄。在企业界，手中无剑心中无剑的当属那些才能卓著的领袖，他们不一定熟悉企业每个环节的专业知识，却能凭借内在的魅力和领导才能赢得众人之心，成为领导众多专家的专家。在市场营销中，对产品不提只言片语，却能够让别人心甘情愿购买产品的人，一定是超越了产品、靠内在素质制胜的营销高手。

所以说，内外一体，不离身心，若有偏废，人不完整。一个人要在社会上立足，安身立命之本是既要学套路，更要练功法。教练也要从内外两个方面入手，帮助被教练者很清晰地看到内外两个方面的重要性，能够区分清楚内外的状况，看到它们与生命的必然联系，同时内修固本，外练强身，有效地达到人生的目标。

人生三端

人本教练模式根据"人"的字形，将人分为相应的三端，顶端用英文"Why"（因何）来表示，也就是"要到哪里去""为什么会这样",探究现象背后的意义和行为依据的动机及人生的目标；右端是"How"（如何），"怎么样"的意思，表示人们采取的态度，或者做事情的出发点；左端是"What"（用何），究竟该怎么做？采取什么样的方法和工具？如果把"Why"定位为人生的目标，那么"How"是该有什么样的人生心态，"What"则是通过什么样的途径，用什么样的工具来实现目标。

人生中没有什么是静止的，活着本身是一个演变的过程，人们朝着他心中"Why"的方向演变。因此，要协助被教练者经常性地洞察牵引他行为的"Why"。中国的圣人们就善于问"Why"，非常重视每一件事情的动机，"君子慎始，差若毫厘，谬以千里"（《周易》）。佛学里有一句话："菩萨畏因，凡夫畏果。"菩萨往往能够看清本质，一眼就看到了万事的起因；一般人只追求结果，看到的也是结果，没有去探求产生结果的根源，追求结果却又对不好的结果万分畏惧。

"How"指人的信念和心态，是人的生命中必不可少的部分。很多人经常思考人生的方向，也明白目标，却很难达到目标，究其原因，是不知道有效的心态，也没有保持积极的心态。心态影响行为，心态不适当，将导致行为的方向偏离目标的方向，达不到目标也就不足为奇了。

方法和工具就像人们脚下的鞋子，穿上鞋，人们才可以脚下生风。"工欲善其事，必先利其器"的道理几乎人人都明白，只有把工具（"What"）准备好了，做事才会顺利而快捷，行为才会更加有效。

人类发展的历史，是方法和工具不断更新的历史，古代人们乘坐马车出行，靠烽火传递消息，现在则乘飞机远游，通过移动电话和互联网来相互联系。高科技的不断发展，让人们的视野和活动范围得以扩大。

在人生三端中，"Why"是人存在的根本，也是人存在的目的，"How"是人以什么样的心态去存在，"What"则是人在存在过程中使用的方法和工具。一个只探究"Why"的人，也即整天只琢磨人为什么活着的人，如果不调整心态，不磨炼本领，那他在现实中的能量会受到限制。一个只考虑"How"的人，不问事情的根由，不学习知识和方法，那他可能是一个无所追求的乐天派。一个只用手段和工具的人，缺乏积极的人生指引，没有适当的信念，他可能会促进社会和组织的进步，也很可能适得其反。"利其器"能否"善其事"，有一个重要的条件，就是为什么要利其器？以什么样的心态去利其器？

如果用旅行来比喻人的三端。我们要计划一次远行，首先要清楚去哪里，为什么要去那里，这是找到"Why"的过程；其次是我们应该在旅行中保持什么样的心态，或者是想收获什么样的感受，确定内心深处的"How"；然后考虑是坐火车，还是坐飞机到达目的地，怎么样才能得到想要的感受，选择并决定"What"。当目的地清楚了，原因找到了，内心想要的感觉确定了，就开始计划时间，准备远行的装备和手续。教练提倡"对人不对事"，是从人生三端入手，弄清楚对方这样做的目的是什么，有什么样的心态，然后激发他调整心态，找到解决问题的方法和工具。人的问题解决了，事情自然迎刃而解。

人本教练模式是西为中用，古为今用，人生三端暗合中国传统文化的主流思想。"人"字之首乃"因"（见下图），人生中的为什么，人生究竟要到哪里去，人从何处而来等问题，其实就是"因"；"人"字之捺是"道"，内心修炼，自我素养，诚意正心，都包含在"道"中；"人"字之撇是"术"，术在甲骨文中指道路，《广雅》也记载术为道路："术，道也。"术就是到达目的的路径和方法，术是我们拥有的技术和工具。

老子说："道大，天大，地大，人亦大。域中有四大，而人居其一焉。人法地，地法天，天法道，道法自然。"人是世界上的四大之一，人效法地，地效法天，天效法道，道纯任自然。在人本教练模式中，道指人内存的因素，因就是道所效法的自然，人的因是自己的生命根由和状态。而"效法"一词是方法，是为术。一个完整的人，道术统一，统一于因。

人生中的很多"Why""How"和"What"比旅行更难，需要下更大的功夫。当教练确定了这个模型之后，就可以很清晰地从这三个方面入手，运用教练技术层层推进，在与被教练者的沟通中逐渐发现他内心的所想和所要。一旦人生三端清晰地浮现在被教练者的心中，他就可以把目标当成起点，以终为始，有条不紊地实现自己的目标。

第三节　生命计划

人自从来到这个世界上，一生都在赶路，曾经的路永远消失，路始终在脚下，路向未来延伸。知道方向的人，在人生的空间坐标中知道自己的位置，知道将向何处去，知道为什么向那个方向赶路。不清晰方向的人，对自己的位置混沌不知，也不知道未来去向何方，不知道存在的意义。每一个人，无论他是做什么的，无论他是什么职位，无论他是贫还是富，他的生命都离不开人生两面和三端的模式，他的人生轨迹肯定在因、道、术相辅相成的关联中走下去，在三者的内在结合中刻画出人生的轨迹。"因"让人们明白轨迹的意义和延伸方向，"道"凝聚了人们的信念和心态，"术"是人们赶路的方式和借用的工具。

在人生旅途中，每个人都拥有一定的知识和技能，也会形成自己的心态，内外并不缺乏，既然这样，为什么还有不少人会停滞不前呢？关键在于他是否了解自己，是否知道自己究竟需要什么、追求什么，是否知道事情的来龙去脉；他的心态是与他所想的一致，还是与他追求的背道而驰；他所拥有的技能，所采取的手段是否始终朝向他自己追求的方向。当做了这些区分并找到答案后，人们就会明白：停滞不前的人，对自己需要什么、究竟是什么样的人并不清楚，缺乏的是自察自知。

自察自知就是明白人生的两面和三端，其中最本源的动机和原因在于人的"Why"（也即"因"），这也是教练有存在必要的根源。"Why"是每一个人的生命的牵引力，是决定人生去向的路标，它们同时也是人的生命赖以存在的基石，承载着人的"道"和"术"。人本教练模式在探索"Why"时，将其归结为人们的生命计划，有方向性地探索人活着的意义和目的。

简单地说，生命计划就是在生命的空间坐标中，找到意义和目标，为人生订立一个清晰的方向。生命计划包括愿景、价值、目标和成果四个方面（见下图），它们组成一个结合宏观和微观的系统，包含着人生的意义、方向和现实状况。生命计划帮助被教练者清晰人生的方向和目标，省却生活中不必要的工作，有效地运用各种资源，检视阶段性的成果。

生命计划

愿景	价值	目标	成果

教练支持被教练者，有时候可能是因为偶然的一次机会，也许时间会很短暂。但是作为教练，可以不局限于就事论事地教练对方的那一刻，完全有能力贡献更多给对方，甚至影响到他的一生。这就是教练要帮助对方探索"生命计划"的原因。

方向感强的人一定是有愿景的人。愿景是有愿望的景象,《第五项修炼》作者彼得·圣吉说：愿景是人们心中一股令人深受感召的力量，开始时可能只是一个想法，然而一旦发展并获得强烈的认可和支持时，就不再是抽象的东西，人们把它看作是具体存在的。总之，愿景是发自内心的意愿。《追求卓越》一书对愿景下的定义是："愿景是从未知走向已知的心路历程，也就是把目前的事实、希望、梦想和机会融合在一起，所创造出来的未来。"愿景绝不是预告未来，而是勾画未来的蓝图，从而勇敢地在现在采取行动去创造未来。

愿景是一幅心灵地图，最终指引着人们的脚步。人们并不是从小就有宏伟而远大的愿景，只有当人们受到外界的刺激和激发，找到心中真正渴望的东西，发现了真正想成为的样子，愿景就开始逐渐清晰地浮现，产生强大的力量，牵引着人们奔向激动人心的图画。愿景像磁场强大的地心引力，无论你在地球的什么位置，总是无法抗拒它的吸引，愿景越清晰的人，力量就越大。第五章的领导技巧中，将介绍挖掘愿景的方法。

在世界上找不出两个完全相同的人，人是很独特的个体，人的存在有其独特的意义和价值。关于人生的价值是什么，古今中外的学者们持有不同的看法。

英国哲学大师罗素认为："关于'价值'问题完全是在知识的范围之外。那就是说，当我们断言这个或那个具有'价值'时，我们是在表达我们自己的感情，而不是在表达一个即使我们个人的感情各不相同却仍然是可靠的事实。"存在主义者萨特认为："所谓价值，也就是你所挑选的意义。"美国新实在主义者培里说："价值是欲望的表现"，"是兴趣对象的任何东西事实上都是具有价值的"，也即欲望和兴趣决定价值。

对价值的本质，至今仍然众说纷纭，莫衷一是。教练关心的是人们的心态和行为究竟是受什么样的价值观驱使，价值通过什么样的方式影响着人们的道路和未来的。在教练领域，价值永远都具有相对的意义，也就是说在社会生活中，一种事物好不好，有无价值，是相对于一定的人而言的，同一社会现象，对不同的人，其价值往往不同。

对人生道路方向相反的两个人，教练帮助他们看到，为什么他们会沿着自己的道路走下去，是什么在驱动他们的脚步，也就是说让他们看到价值和道路的内在联系。教练只是客观地反映联系及产生的结果，不会评价两人谁对谁错，把决定的权力留给对方。

如果将人生比喻为一幅拼图，愿景就是整幅拼图要成为的图画，它的样子存在于人们的心中：拼图必须一块一块地拼，人们成长一岁，在一岁的位置拼上一块，到了20岁的时候，在20岁的位置拼上另一块，人在不同的阶段，完成拼图的不同内容。要想实现心中的图画，就要考虑先拼什么，后拼什么，相互之间如何连接，换言之，要有一个明确的目标和步骤。

目标将愿景变成现实的阶段性方向，是人们决定下一步去向的行动依据。教练将运用厘清目标的步骤及设定目标的领导技巧，帮助对方为愿景设定长期的和短期的目标。这个步骤和技巧，将在以后的章节阐述。此处提出来的目标，是生命计划中的一个个靶心，让人们有瞄准的方向，从而射出有效的一箭。

当目标是人们真正想要达到的目标时，他才会有最大的动力去排除各种障碍。教练的过程会碰到各种事件，教练不能满足于明确在事件当中对方想做到什么，还要知道他为什么想做，是什么令对方有这个目标，这样将目标与愿景和价值进行连接，才能够做到真正厘清目标。

有了拼图的目标，还需要将图块拼上去，才能够逐渐让愿景成真，成果是必不可少的。成果提供一个检视目标的尺度，也反映出行为的有效性。荀子在《劝学》篇中说："不积跬步，无以至千里，不积小流，无以成江海。"成果是愿景实现的累积性元素，点点滴滴的组合最终呈现出美丽的人生图画。在人类的重大发现中，成果本身还具有研究、借鉴和启发的意义与价值。

在目标和成果之间，有一个重要的环节：行动，行动是把目标变为成果的唯一途径（见下图）。行动是一个转换器，把人们想象中的愿景和目标转换为可以触摸得到的现实，计划行动是教练的一个步骤，是教练产生实际效果的重要环节。

在生命坐标中，愿景、价值是人的内在地图，愿景告诉人们未来在何处，价值告诉人们为什么要向某个方向奔跑，目标和成果让人们从一个地方走到另外一个地方，在坐标平面上留下行走的痕迹和生命的印记。教练的焦点在人，不仅仅关注对方的成果，更关心这个人，关心他生命计划中的每一个部分。

第四节 教练之"道"

教练的过程是洞察心态、探究原因的过程。《论语》说："君子务本，本立而道生。"我们还加上一句，"道生而行正"。教练帮助被教练者自己去看到他的"本"，也就是他存在的原因和目的，继而生出他的"道"，然后他所作所为的方式和方向正确无偏。"道"是内在的素质，人本教练模式认为"领导力"是教练的"道"，并且在本书中会重点探讨教练的领导力和领导技巧。为什么如此突出"领导力"在教练中的作用？我们借用调适性领导力的概念来阐明。

调适性领导力

我们用病人看病的例子来说明什么是调适性领导力。病人去医院看病，一般会碰到三种情况。

第一种情况，病人把症状告诉医生，医生开药，说只要按照药方服药，很快就会康复。一般的看病就是这样一个过程，病人完全相信医生，医生也很自信自己的诊断和开出的药方。这种情况下，病人的期望很实际，希望医生能提出解决之道，将病因确实找出并加以治愈。病人依赖医生的专业知识，并将部分责任转移到了医生的身上。医生则依赖病人的信任、满足程度与付款的意愿。

第二种情况，医生将问题找出来了，但没有提供明确的根治对策。比如医生诊断出病人是心脏病，开出了药方并指导病人服药，医生只是提供了一个提议，并没有说按照这个药方吃药就一定能够康复；相反，医生强调病人要注重饮食和运动，心情也要舒畅，这对治疗非常关键。医生心中或许有解决方案，但他并不是主要的执行者，他只是做了一部分的工作。主要的执行者是病人，他必须评估医生建议的得失，自己创造出解决的方案。比如什么才叫心情舒畅？饮食和运动的平衡点是什么？都得靠病人自己做出判断和实施。如果病人对自己的问题没有足够的认知和重视，医生也对他的病情无可奈何。这种情况下，医生和病人对解决问题都有责任。

第三种情况，病情是医生也没有见过的疑难杂症，找出病因困难重重，医生以往的经验派不上用场，而且没有明确的解决方法。这个时候，医生的办法是与病人进行深入的沟通和探讨，共同学习来寻找问题所在。找到问题后，再一起来学习，找到治疗的方法，在治疗过程中，双方的沟通是及时和开放的，医生根据病人的反应来随时调整方案。

上面这三种情况包含了技术性问题和调适性挑战两个概念。调适性领导力是哈佛大学教授隆纳·海菲兹提出来的。他认为组织面临技术性和调适性两种不同的环境与挑战。在技术性环境中，组织面临的问题和解答的方法都相当明确，领导者的主要任务是把解决问题的方案告诉成员，成员遵照执行。在调适性的挑战中，问题不明确，没有具体的解决方法，组织需要共同学习来应对挑战，调适性问题往往是没有现成答案的系统性问题。技术型领导强调权力，企业按照领导的旨意运行，调适型领导注重调适，将解决问题的主动权和职责交给全体成员。

下列表格列出了病人看病的三种情况。第一种情况，医生直接告诉病人治疗方法，病人遵照执行就行了，是技术性问题。第二种情况，医生同样告诉病人治疗方法（开药方），但是病人要自己调整和进行判断（注重饮食和心情等），而且病人自身的情况对治疗起着关键性的作用，技术性问题和调适性问题并存。第三种情况，以往的经验在新问题面前束手无策，双方都不知道答案，甚至连问题是什么都不知道，需要双方在互相鼓励和学习中寻找，这就是调适性问题。

状况	找出问题	解答与执行	任务中的责任位置	任务性质
第一种情况	明确	明确	医生	技术
第二种情况	明确	需要学习	病人 > 医生	技术与调适
第三种情况	需要学习	需要学习	医生与病人	调适

海菲兹是一位精神科医生，从看病的过程中看到了技术性和调

适性的差别，但调适性领导力不是专门为精神医学提出来的，而是适用于整个社会，当然也包括企业。海菲兹的研究结果有普遍的实用性，因为他在哈佛大学肯尼迪政府学院从事了十余年的领导教学和研究，同时还负责该校的领导力研究中心，为政治、经济及非营利性工作领域提供战略战术。这些专业背景让他的研究见解独到，适用性强，对政府、社会团体和企业都具有深刻的影响，调适性领导力理论对传统的领导观念有所厘清，也提出了新的社会契约与公民生活的主张。

传统的领导者大多是技术性的领导风格，他们拥有超凡的承担责任和解决问题的能力，主要任务是把解决问题的方法告诉成员，并督导大家执行解决问题的方案。领导者和员工都相信领导者的经验和能力，在习惯性的指令和服从中，领导者成为权威，形成了给方法的行为模式，很少征询下属的意见；成员成为服从者，没有主动思考的习惯。领导者的经验成为企业的核心能力，企业的安全性和发展方向依赖于领导者的权威。

在过去那种市场竞争不大的环境中，变化在缓慢中进行，或者很久都没有大的变动，权威的作用是明显的。然而，随着竞争的加剧，市场瞬息万变，很多新生的事物没有人经历过，在人们来不及思考的时候就来到了眼前，就像滚滚而来的互联网浪潮，对所有人都是新鲜的，以前经营企业的成功经验可能就是经营互联网企业的一种障碍。

可以想象，用技术性的方法去解决调适性的问题，会出现什么结果。就拿看病的例子来说，一位患疑难杂症的病人去看医生，医生根据以往的经验，判断说是某种疾病，然后给病人开药方，保证说药到病除，病人则习惯了医生的权威，也没有任何怀疑，结果就可能会加重病情和延误有效的治疗。

遗憾的是，习惯使用权威的领导者，热衷于发号施令，往往看不到这种变化，更没有意识到技术性和调适性的差别。在现实中，情况愈困难，人们越倾向于求助权威，寻求无须自己做任何调适的解决方案。人们只想得到答案，而非面对问题，对于需要面对调适性工作的现实，人们会选择逃避，转而寻求权威来为他解决困境。

病人生病的时候，总是希望医生很肯定地告诉他什么时候能够医好，因为过去就是这样医好病的。习惯被权威驱使的人，在碰到困难的时候，总是希望权威告诉他下一步该怎么做，因为以前领导就是这么有效地解决问题的。权威领导者不断给方法，把自己变得很有控制力，团队的生存和发展依赖于权威的能力和正确性。团队成员对领导的权威性越服从和认可，就越变得更加无能为力和不愿意承担责任，对领导给方法的期望也越来越高。领导者在众人的高期望之下，一方面有使用权威的习惯，一方面有维护权威的需要，碰到问题就赶紧找方法，结果把注意力放在提供技术层次的答案上，忽略了外在的变化和真正的原因。

当权威领导给出的方法几次失效后，人们会怀疑权威的能力。但是，由于长期的依赖性，会出现矛盾的组织心态：人们希望权威来领导，认为这是唯一的出路；另一方面却又排斥他的领导，认为他的方法并不能带来出路。排斥心态积累到一定程度，组织就出现了人浮于事，表面上对领导者应承得很好，实际上却不去执行。在调适性领导中，组织所面临的问题并不明确，解决问题的方法也不具体，领导者也许能够找到问题，但是未必知道解决的办法。这个时候，没有人是权威，领导者的主要任务是帮助人们面对各种价值歧义所引起的冲突，了解采取各种解决方案必须付出的代价，学习调整并修正自己的信仰、行为和价值观，然后针对外在环境的变化，拟订行动计划，逐步付诸实施。在调适性的环境中，企业成员才是主体，领导者不过是他们合法授权的代理人而已。

从以下表格中，可以对比技术性领导和调适性领导的区别：

技术性领导和调适性领导的对比		
社会功能	技术性	调适性
方向指引	领导都提出问题并解答	领导者确认调适性问题的实质，诊断情况，质疑问题的定义与解答，让大家深入探讨
保护	领导者保护众人免受外界的威胁	领导者揭露外在威胁的存在
角色定位	领导者定位各人的角色	领导者打乱既有的角色定位，或者拒绝太快为众人做新的定位
控制冲突	领导者重建秩序	领导者揭露冲突，或者任其逐渐形成
维护规范	领导者维持秩序	领导者向规范挑战，或任其受到挑战

在现代组织中，调适性的问题越来越多，用权威的方法不能从根本上解决问题。比如现代人力资源中提到的从"要我做"到"我要做"的转变，"要我做"一般是迫于外在压力而不得不做，即使做了工作，也不是心甘情愿的。"我要做"是我愿意去做的，我是主动的，一切行动和结果自己负责。这个转变不是技术性领导能解决的，一定要用调适性的方法，让对方转变心态，看到"我要做"的正面意义和将产生的价值，才能真正达到效果。所以，一个优秀的领导者，要从技术性领导转型为调适性领导，既要有给方法的能力，也要具备调适性领导的能力，这两者都很重要。

教练之"道"

人们面对变革的挑战时，会出现压力，传统的解决压力的办法一般有两种：一种是用技术性的方法去应对挑战，压力降低了，但问题并没有得到真正的解决，挑战依然存在。另一种办法是在重压之下采取逃避策略，逃避工作，逃避挑战，人一旦逃避，压力就转移到其他面对挑战的人身上，自身压力降低了，但同样没有正面而彻底地解决问题。

还有一种有效方法：在人们达到忍耐限度之前，开始进行调适，调适信念，调适心态，以适应变革的环境，同时在调适的过程中找到有效的方法。变革带给人们威胁和不安，调适性就是让人们直面威胁，将威胁带来的矛盾公开，从而推动人们积极适应环境，开发新的角色关系，找到有创造力的方法。当人们采取调适产生新的解决方案后，挑战得到克服，压力自然降低，学习已经开始。(见下图)

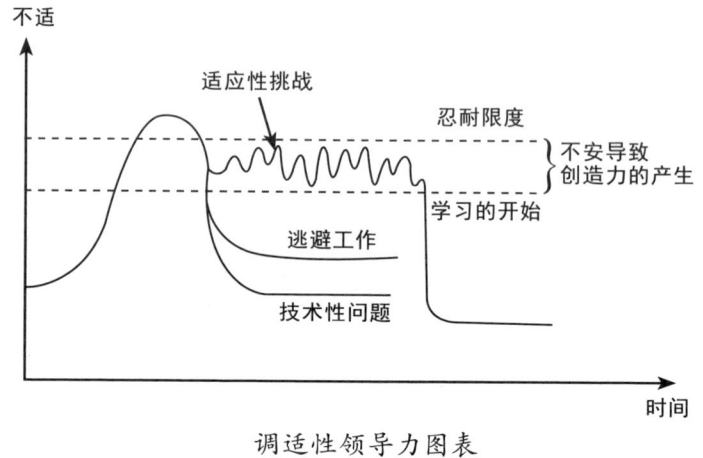

调适性领导力图表

调适性领导力调适什么？主要是信念和心态，只有当所有人愿意转变面对改变的信念，调整应对变化的心态，调适性领导力才可能发挥作用。从"要我做"到"我要做"有两个条件，一方面是领导者在信念上有转变，真正看到"要我做"的不足和"我要做"的价值，在心态上愿意实现这个转变，"我要做"才可能在企业中发生；另一方面，团队成员也要有信念和心态上的转变，内心愿意，积极主动，"我要做"才能够成为现实。教练的作用发挥在调适的阶段，教练是调适的有效工具。从教练的核心原理中，可以看出教练就是在做调适性的工作。用一个简单的图来解释教练的核心原理：你有什么样的信念，就会有什么样的心态，从而有相应的行动和成果，信念和心态决定了我们人生的方向和状态，决定了人生的宽度和成果。只有打开信念，改变心态，才能在变革的环境中积极主动，化不安为创造力。

第一章 | 人本概念

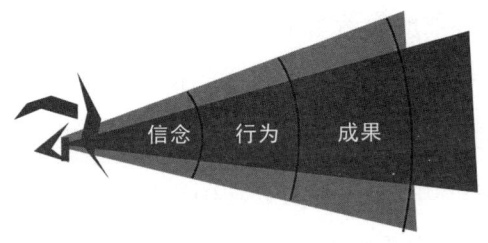

教练的核心原理

教练和调适性领导力原本属于互不相关的研究实践成果，但它们在调适性上走向一致。海菲兹区别技术性和调适性，让人们看到适应性挑战的本质和应对之策，教练技术的可操作性，让人们有了调适的工具，两者贡献的方向是一致的，两者的结合，可以帮助人们适应变革，创造未来。

教练通过对话，调适对方的信念和心态，对方在被教练的过程中自己找到答案，拟订行动计划，创造出符合目标的未来。教练与被教练者之间是互动双向、互相信任的关系，两者的共同目标是达成被教练者的目标。

因此，教练不同于顾问、心理辅导和培训等专业技能，教练也不是扮演权威的角色。

"对事不对人"是顾问的做法，也是技术型领导者的主要工作方式。顾问的工作建立在大量的资料和数据基础上，为对方提供专业的建议和意见，给出解决问题的答案，帮助对方解决问题，顾问一定是某个领域的专家。教练不提供答案，而是激发对方自己得出答案，教练不一定是专业领域的专家，但他一定是教练人的专家，关注点在完成任务的人身上。

心理辅导或心理治疗着重于已经发生的事情，倾向于集中解决旧的问题和旧的痛苦，通过舒缓对方的情绪，给予心理上的帮助，协助对方纠正行为。教练则是着眼于未来，关注目标的设定和未来的行动。心理治疗倾向于应对有心理障碍或者功能失调的人，教练是帮助功能正常的人获得更大的成功。

尽管在教练领域内有权威，也就是说，教练可以通过专业的积累成为行业内的权威，但是，在做教练的时候，教练不是扮演权威的角色。组织中的权威一般运用监控的手段，强调管理和指导。教练与被教练者之间不存在监控，是平等的伙伴关系，双方共同学习，深度挖掘。教练的方法不是命令、监控和指示，而是启发和挖掘。

教练也不是培训。培训师告诉人们自己知道而对方不知道的事情，是知识和技术的传授，教练帮助对方发现他自己身上的优势和盲点，挖掘他已经具备的东西。从下图可以了解其中的区别：教师或者培训师的焦点在"我"，讲的是"我"知道的知识，教练的焦点是"你"，开发的是"你"身上的潜在资源。

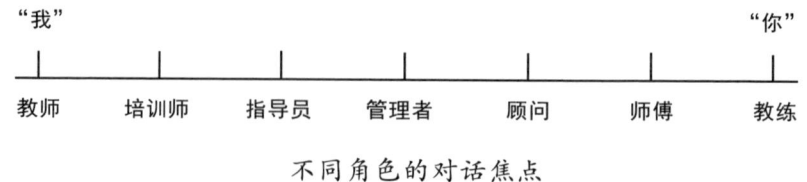

不同角色的对话焦点

综上所述，人们在面临调适性问题的时候，需要运用教练技术来进行调适，但教练不停留在调适阶段，最终激发对方采取行动，达成目标。调适是过程，教练是手段，成果是目的。

人字模型中，"外"是技术性环境，"内"是调适性环境；人生三端中,"术"属于技术性,"因"和"道"属于调适性。从"内"到"外",从"因"至"道"再到"术",是从调适到技术,从根本到表面的过程。

教练的范围就在于人的"道",教练用"道"必定挖掘出相应的"因"。

调适性的挑战存在于每个人的身边,调适性领导力对每个人都有价值。那么,领导力究竟是什么?简单地说,领导力是一种能力,人们通过发挥这种能力,与其他人一起实现更高的目标。领导力包括两个方面:一方面是技巧,像领导者的表达能力、组织能力和策划能力等;另一方面是信念和心态,这是领导者内在的素质,是领导力的核心和内涵。

领导是一种关系,是领导者与他人之间的关系,双方究竟形成什么样的关系,根源在于领导者的信念和心态。也就是说,信念和心态决定了领导力的发展方向,影响到领导者的领导是否成功。很显然,有控制别人心态的人,他的领导力的表现方式肯定是控制型的,而有成就别人心态的人,他的领导力的展现方式则是激励型和调适型的。为什么要强调领导力?因为每个人都生活在一定的团队中,总是在与外界的互动和与别人的合作中完成一定的目标,领导力对每个人都有价值,它影响到人们实现目标的效率和速度。而这种能力隐藏在每个人的身上,有的人将其唤醒并充分发挥,在生活中不断领跑,有的人则没有意识到这头睡狮,个人能力和取得的成果大受限制。人们要想成就更大的事业,达成更高的人生目标,需要与人合作，需要发挥领导力来激发更多的人一起行动。

领导力可以通过学习来提升，相应的，学习的路径包括技巧和心态两个方面。技巧的提高令领导力更有效地表现，心态的调整令领导力的根基更加稳固、方向更加准确。人本教练模式教练信念和心态，其方向就是使领导力更为有效，增强人们的领导力。换言之，教练其实是教练一种领导力，领导力就是教练之"道"。

第五节 领导力模型

信念和心态决定着领导力的形成和发挥，信念和心态是领导力的内核。信念和心态是宏观的概念，包含了很多内容，人本教练模式中的教练着眼于未来，帮助人们更有效地提升领导力，从而产生创造性。根据多年的经验，我们精选出九种最有效的信念和心态，组合成九点领导力。同时，每种领导力对应一种外在的技巧，组成几种领导技巧。九点领导力是"道"，"道"中回答了"因"，九点领导技巧是"术"，三者结合，帮助人们内外一致地发展。

九点游戏

让我们先来做一个游戏。下面图中有九个点，如何用四条一气呵成而不重复的直线将它们连接起来？

怎么样？有一定难度吧，如果你从来没有玩过这个游戏，实在想不到方法，那是很正常的，因为很多人第一次接触这个游戏也是

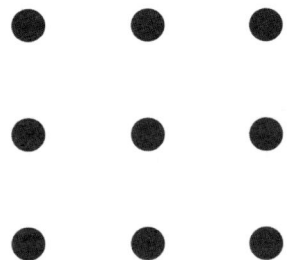

没有办法。不少人在尝试多次而不成功后选择了放弃,他们的理由是"这根本不可能!"

之所以说想不到是正常的,是因为这个游戏考验的是人们突破固有框框的能力。很多时候,人们被要求去做一件事情,会毫不犹豫地说"不可能",或者浅尝辄止就主动放弃。对一些人来讲,有些目标是从来不敢想的,因为过去的经验告诉他们这些目标是不可能达到的,干脆就想也别想。

你不敢想,不去想,不突破以前的经验,的确是不可能的。

回到这个游戏,真的不可能吗?如果我们将直线的长度延长到九点所围成的方框之外,如果我们将思考的范围扩展到从来没有想过的空间,情况会如何呢?你会欣喜地发现,答案跃然于纸上!(见下图)

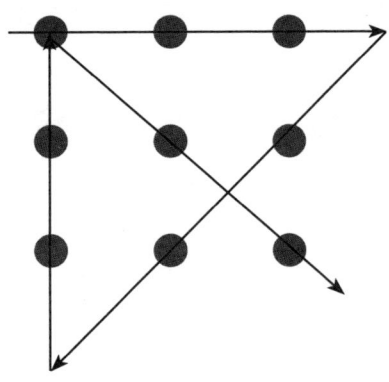

不过，答案是不重要的。教练关心的是，是什么原因限制了你知道答案？是什么习惯阻碍你做突破性的思考？平时是不是经常有类似的情况，让我们的工作、生活和人生陷入一种框框思考，不满足现状，却又没有办法创造变化？当我们改变一下思考的轨迹，调整一下自己的心态，是不是就会迎来一缕春风和一片阳光？

九点游戏是教练技术的一个缩影，它反映了教练的调适性功能：发现盲点，打开局限，创造可能。依据九点游戏的思路，我们创造出九点领导力。

九点领导力

九点领导力包含了九个方面的内容，起点是激情。有了激情，然后做承诺，采取负责任的态度，欣赏身边的一切，心甘情愿地付出，信任他人，开创共赢的局面，这些过程会增添更大的激情，从而可以感召更多的人参与。（见下图）

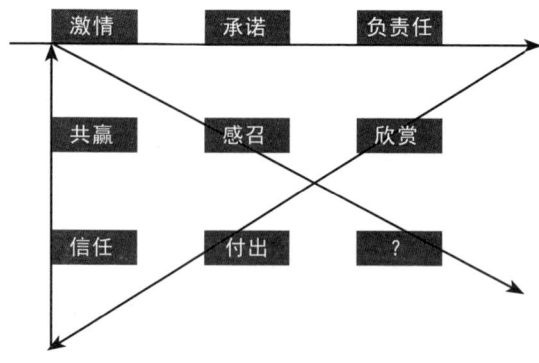

九点领导力模型

在九点领导力模型图中，有一个问号，而且只列出了八点领导力，那么第九种领导力是什么呢？在问号的位置应该填上什么内容？请你不要着急看下面的内容，用心想一想，感召到更多的人参与以后会怎么样？第九种领导力究竟应该是什么？

几乎每一个接受测验的人，在绞尽脑汁苦想一阵后，给出的答案却是惊人的相同："不知道。"从来没有接触过这个模式的人，没有人知道问号代表什么。

每当听到"不知道"的回答时，我们的心里都会掠过一分欣喜。因为"不知道"是最耐人寻味的答案，"不知道"代表什么都有可能。第九点领导力的准确内容是"可能性"。下图是完整的领导力模型。

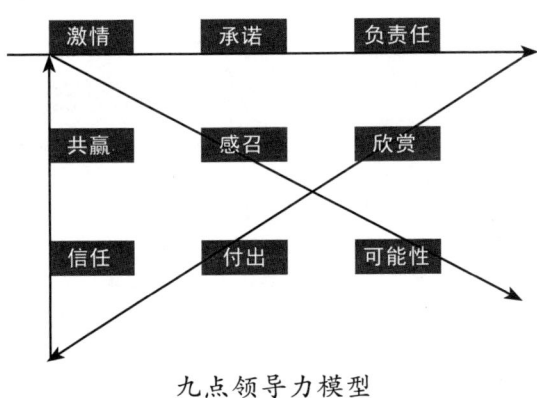

九点领导力模型

九点领导力模型这九点属于信念和心态方面的内容，在人的两面中处于内的范畴，在"因""道""术"中立足于"道"，在调适性和技术性的分类中属于调适性范围。教练认为个人的信念和心态是非常重要的，因为信念决定态度，态度决定命运，行之所达必定是心之所向，只有把心态调整好了，才能行之有效，行中有乐。至此，人生的三端已经很具体化地浮现出水面，有力地支撑起人本教练模式中的"人"（见下图）。

九点游戏帮助人们跳出习惯性的框框，九点领导力模型则是让人们从各种自我设置的局限中脱颖而出，增强调适性领导力，创造可能性，身心自如地拓展生命的宽度和深度。

前面我们说了，当我们用人本教练模型去看九点领导力的时候，回答的不仅是人生的"How"，还有"Why"，我们将看到"因""道""术"之间的联系。在下一章，我们将看到其中之妙。

第二章

九点领导力

「激情、承诺、负责任、欣赏、付出、信任、共赢、感召、可能性,领导力模型里的这些节点,常常闪耀在我们的语言之中。」

第二章 九点领导力

九点领导力就像是罗盘上的指针，可以照亮被教练者内心的盲点，让他看到人生真正的方向。美国19世纪著名的哲学家爱默生说："愚昧的坚持乃是迷惑于不明事理。"在教练看来，迷惑的起因不是不明白"事"，而是不明白自己。人是需要自我审度的，孔子说："射有似乎君子，失诸正鹄，反求诸其身。"君子之道就像射箭之道，射不中，不要怪箭靶子，要回过头来从自己身上找原因。唯有先知己，方能后知人，知人后知事，然后理自明。

激情、承诺、负责任、欣赏、付出、信任、共赢、感召、可能性，领导力模型里的这些节点，常常闪耀在我们的语言之中。这些词从字面上是很容易理解的。如果仅仅停留在字面意义上，仅仅停留在概念上，那就不是我们所推广的教练技术。文字只是教练技术的载体，真正的精髓是让被教练者看到他的内在系统是如何运行的，看到内在系统是如何驱动外在行为的。这点，就好像"人"，人人为人，人的基本要素，人皆有之，为什么还会有各种学问来论人？为什么有些观点千古流传而不衰？很简单，生命力持久的观点，肯定带有一定的共性，并且深入到了"人"的本质，超过了一般人的境界。文字是载体，打动人心的是观点所包含的内涵。

由于存在着专业、职业或者社会角色的不同，不同的人看同一件事情会得出不同的结论。一个还没学会说话的小孩用笔在纸上画了一个圈，厨师看见了，说这是一个鸡蛋，化学家说这是氧原子，女人说这是一面镜子。同样的一个圈，在他们的眼里却大相径庭，是什么原因？他们的说法都没有错，因为他们说的是他们想的，也是他们在意识中看到的。教练技术帮助被教练者看到那仅仅是一个圈，是一个小孩画的圆形线条。

我们在长期的经验积累中形成了一定的习惯，然后带着这个习惯去做事情和看待事物，看到的肯定是我们想看到的。那看到的是不是真的？未必。由于各自形成了既定的思维方法，厨师看不到镜子，化学家看不到鸡蛋；由于固执于习惯性的框框，大家看到的是自己演绎的，而不是事物及自己的本来状态。

就拿学习来讲，很多人认为从书本上学习、在课堂上学习才是学习，因为从小到大就是这样学习的，学习的概念和形式在头脑中根深蒂固。在教练看来，这只是学习的一种，是向外的学习，是学习他人，学习别人已经整理出来的知识和技能；还有一种是向内的学习，学习自己，学习自己身心中没有发现的东西。《论语》所言"吾日三省吾身"，就是教练说的后一种学习。

这一章的内容就是帮助被教练者向内学习，学习自己，明白自己。九点领导力的字面概念是很简单的。不要因为认识九点领导力的这些汉字，懂得这些概念就拒绝学习了，如果没有"吾日三省吾身"的习惯，你对自己依然未知。识字知义只是让你知其然，本章的内容则是帮助你知其所以然。

对九点领导力的每一个节点，我们逐一展开，详细道来，从"Why""How"和"What"三方面挖掘其内在的含义，从人身上寻找他们最本质的面貌。本来，人是复杂而统一的整体，分为三端是为了更好地找到生命之本、心态之源，以及行为之因。教练在使用这些指南针的时候，不能孤立地看待分与合，要注意分中有合，合中有分，其内在的联系就构成了整体。只要明白三端，厘清联系，"人"字真义就会自然浮现。

第一节　激情

《中庸》有这么一段话："惟天下至诚，为能尽其性；能尽其性，则能尽人之性；能尽人之性，则能尽物之性；能尽物之性，则可以赞天地之化育；可以赞天地之化育，则可以与天地参矣。"翻

译成今天的话就是：只有天下最真诚的人，才是能够充分实现自己天性的人；能够充分实现自己的天性，就能够充分实现他人的天性；能够帮助别人充分实现天性，就能够充分实现万物的天性；能够让万物充分实现天性，就可以赞助天地化育为物；可以赞助大地化育为物，就可以跟天和地并列为三了。

细细琢磨，这段话表达了几层意思：

一、强调"天下至诚"的重要性；

二、"天下至诚"有很强的传递性，由己及人，由人及物，由物到天地；

三、"天下至诚"的最后结果是与天地并列为三。这与我们讲的激情有异曲同工之妙。

我们常说某人有激情，或者是某人没有激情，可见激情具有很强的感染力，可以透过空气而感觉到，可以通过言行神色而触摸到。就像"天下至诚"一样，可以很快传递给别人，影响到别人，最终影响到天地之间的其他事情。纵观历史，每一位一呼百应的英雄人物，必定是满怀激情的人；环顾四周，我们身边能量大的人，一定在内心洋溢着激情。没有激情的人，就像一颗小石子投入大海，泛不起半点波浪，缺乏激情的人，经常在各种挑战面前颓然退下，树旗投降。

激情是怎么样来的？人怎样才可能有激情？《中庸》的这段话没有回答，它只是讲了激情的外在影响路径。激情模式对此进行了更深入的挖掘，认为激情的原因是真我价值，激情的出发点是自由选择，激情的外在表现是活出真我。

为了更透彻地领会激情的内在含义，我们深入地分析激情的

"Why"（真我价值）、"How"（自由选择）、"What"（活出真我）。对于九点领导力的每一个节点，我们都会采用同样的方法来解析。其中的"Why"在生命计划中没有提及，但它们包含在生命计划之中，只是在每个领导力中将生命计划中的愿景和价值内容更加细化了。

真我价值

提起印度，许多人马上就会联想到一位苦行僧式的人，他无论走到哪里，都会引起一阵阵激动的欢呼，会有一群信徒自愿跟随着他。他就是印度独立运动领导人甘地。甘地一生都在为祖国独立解放而奋斗，也为了消除种族制度、消灭印度教和伊斯兰教之间的纷争而斗争，他周游全国，冒着生命危险到处进行演讲，常常为此而绝食，一生中多次坐牢，最晚一次坐牢的时候已经73岁。1948年，甘地在赴祷告场途中，不幸被一个狂热的印度教徒杀死而离开人世，但他的精神至今仍然很有影响力，被人们尊称为"圣雄"。

是什么驱使甘地投入了一生的精力？是什么让甘地置生死于度外？是他的价值观，是他坚持非暴力、追求真理、自愿自甘于贫穷简朴的理念，是他期望为印度及人类带来和平的价值取向。甘地是我们理解真我价值的最佳范本。他在日记中写道："这样的工作带给我平和的心境。"平等、和平及平和，是甘地的真我价值。他一生都在执着于自己的真我价值，心甘情愿地过着简朴、冒险的生活。德国著名哲学家尼采说："参透'因何'，才能迎接'任何'。"(He who has "why" to live for can hear almost any "how") 就像甘地那样，懂得因何而活的人，几乎"任何"痛苦都可以经历和忍受。

"因何"就是我们的真我价值。真我价值是一个人最本真的追求，是老子说的"道法自然"的状态。本来，人一生下来是"人法自然"的，可以最直接地表达自己的愿望。孩子想要一件玩具而得不到，就会放声大哭，孩子在很多人面前唱歌而不害羞，均是自然的流露。只是随着年龄的增加，外界不断教会我们用很多世俗约定的框框来装扮自己，把最本真的东西藏了起来。久而久之，本真被掩盖至遗忘，装扮被当成了真实，人们无法认识自己。于是，替代价值取代了真我价值来引导我们的行为。

只要稍微留意，就不难发现替代价值在我们的语言环境中横冲直撞。"我不快乐，因为我的企业不能壮大""如果每年有5000万的利润，我就很幸福了"等等，把"企业做大"作为快乐的必要条件，不少人在这个逻辑中等待快乐；达到5000万的利润才幸福，如果一生都达不到，那岂不是一生不幸？不难发现，快乐的生活和幸福的人生是真我价值，而企业规模和利润是替代价值，替代价值只是一个工具，真我价值才是人内心永恒的追求。

当替代价值成为主宰后，人们就不知道什么是自己人生中最重要的，很容易失去方向，并且把快乐和幸福的心态建立在物质基础之上。显然，替代价值带给人的也许是短暂的满足，不能够从根本上解决内心的价值需求，真我价值需要用真我的方式去达到。就像甘地那样，虽然在物质上清贫如洗，但活得轰轰烈烈，为人类的和平做出了巨大贡献。真我价值没找到，内心的冲突常常让人生活在混沌之中。有的人抱怨工作环境不好，渴望转换环境，10年过去了，他还在原地，抱怨依旧，渴望依然。他说的是对自由和挑战的向往，行为上却是绝对的保守和稳定。

有的人经常说自己喜欢旅游，也渴望去旅游，但是几年过去了，他从来没有去旅游，尽管他还是在向人们传播渴望旅游的梦想，尽管他说没有行动是找不到时间，有一点可以肯定的是，他今后也同样会没有时间。这些人是自我欺骗吗？不是，他们的渴望和述说是严肃而认真的，他们的确有这些想法，不过，那不是他们内心深处的追求，只是对另外一种生活方式的羡慕。真正渴望旅游的人，是毫不犹豫地背上背囊上路的人；真正渴望挑战的人，是把双脚踏进挑战环境会义无反顾的人。真我价值往往是通过一种直觉和行为表现出来的。

我们天生就相信自己的价值和重要性，只是后来要顾及别人的看法，要顾及面子，没有勇气拒绝别人意志的灌输，不断地被世俗影响。我们经常在无形中被别人的意志左右而没有觉察，更不愿意承认被他人左右。法国哲学家萨特说："人要创造他自己，要设计其自身的'存在'，也就是说他的设计包括'我应该是什么'或'我应该成为什么'。"每个人都应该追问一下自己：我究竟需要什么？我的真我价值是什么？找出最初的你，找到天生的你，找到你发自内心的东西。在激情这个节点上，教练要做的第一步工作就是帮助被教练者找到他的真我价值。

自由选择

有一个震撼人心的故事。第二次世界大战期间，奥地利犹太人弗兰克被关进了纳粹集中营，受尽了磨难。三年的牢狱生涯，使他除了一息尚存之外别无他物。他的双亲、哥哥、妻子，不是死在牢房里，就是被送入煤气间，仅剩下他和妹妹。就是这样一个丧失一切、饱受饥寒凌辱、随时都有死亡之虞的人，用意志的力量征服了命运，出狱后成了全世界著名的精神医学家。

弗兰克用自己的亲身经历证明了一个道理：人所拥有的任何东西都可以被剥夺，唯独人性最后的自由——也就是任何环境中采取个人态度的能力——不能被剥夺。这是人最终极的自由。即使在集中营这么恐怖的压力之下，有太多的实例证实，冷漠的态度是可以克服的，躁怒的情绪也可以控制，人"有能力"保留他的精神自由及心智的独立。

经过体验观察，他发现，一个俘虏变成怎样的人，实在是他内心抉择的结果，而非纯系环境因素使然。因此，任何人处在这种环境下，根本上都可以凭他个人的意志和精神，来决定他要成为什么样子。险恶的处境，提供给他获致精神价值的机会，这机会，他可以掌握，也可以放弃。唯有容许自己丧失精神防线的人，才会沦为集中营恶势力下的牺牲品。弗兰克能够决定使自己"苦得有价值"，证实了人超越其外在命运的影响力。

你可以选择你的心态，这个终极自由存在于每个人的身上，然而很多人在并不恶劣的环境中主动放弃了它。弗兰克在高度警戒的监狱里是自由的,而不少人在最开阔的空地上却是被"监禁"的,被自己的信念和心态监禁,被自己厚厚的外壳禁锢。

自由选择就是你有权选择自己的真我价值,可以在任何时刻选择自己的心态。有人会说,我别无选择,我不开心,是别人让我不开心。这是一个误区,所有的开心和快乐都是自己的感受,你不开心与你做的事情没有关系,而是你选择了让自己不开心,选择权在自己。同样,你可以选择很快乐地做一件事情,也可以选择痛苦地做一件事情,没有人给你在态度上指引方向和施加压力,除了你自己。

别以为你有做事情的主动权,你就在自由选择,很多时候你只不过是做了一个决定,我们经常在生活中做各种决定,决定投资方向,决定产品类型,决定企业目标,等等,这些决定受各种条件的限制,也就是说,决定是在一定的条件制约下做出来的。但自由选择是不受任何条件限制,不被外界左右的,人们在真我价值和心态上完全可以自由选择,可以自由选择成为什么样的人,因为没有任何人、任何条件能够阻碍你的选择,这就是弗兰克说的人的终极自由:没有任何人、没有任何外在因素能够剥夺你的终极自由:除非意志消亡。

如果以物质的多寡来衡量,甘地的选择余地微乎其微,因为他在物质上一贫如洗,可是他数十年如一日地坚持做同样的事情,他自由地选择了崇高而充实的真我价值;如果以外在的条件来衡量,弗兰克的人生没有任何选择,因为他处在人类最恶劣的生活环境之中,可是他自由地选择了积极的人生心态。他们选择了他们内心所想要的，选而择之，择而从之，从而乐之，所以活得真实，活得快乐，活得有价值。

当然，你可以选择用积极快乐的心态来对待苦难和痛苦。自由选择的最大意义在于你是自愿的，你的选择是在真我价值的驱动下做出的，没人强迫，无怨无悔。

活出真我

活出真我是没有面具的直接表达，是人最真实的展现。你有没有观察在台上挥棒的交响乐指挥家？他们异常投入，姿态优美，激荡的音乐随着手势的起伏而缓缓滑出。他们忘记了人们的眼光，忘记了惯常的评价，他们按照自己的方式，与音乐融为一体。虽然有些指挥家的动作，用习惯性的肢体语言标准，不乏滑稽怪诞，但是，那一刻，所有的人都被他们的激情感动，所有人都被他们的真实吸引。

与活出真我相反的是戴着面具的表现。当一个人说此时此刻是他人生中最激动的一刻、内心非常激动，但是他的表情平静如水，语言平缓无力，那他就不是真的激动，而是为了某个目的编造了一个激动的说法；当一个人内心真的很激动，但是强行压抑住内心的真实感受，同样平静如水，那他就是罩了一副置身事外的面具。表现和内心不符合，很容易被人们看出来，在大多数情况下，人们对此冠以"虚伪"的评价。

生活中最常见的一种情形是人们在演"样板戏"，内心很开心，但是表现出宠辱不惊的平静，内心很痛苦，却展示出事不关己的超然，听不到真实的想法，看不到真正的感受。习惯演"样板戏"的人，给自己创造了一个模子，每时每刻都以这个模子来框定自己的表现。当外界越来越认可这个模子的时候，模子中人就被固定得越深，改变的勇气就越小。生活在模子中的人，恐惧离开模子，不敢真实表达，他们活在别人的标准里面，活在别人的看法之间，他们为别人而活。

活出真我是一种真实的状态。人在什么情况下最真实？一定是在毫不隐瞒地表达他内心所想的时候，也是在无拘无束地展现内心感觉的时候。出生不久的孩子想哭就哭，想笑就笑，因为那是他想的，所以他真实表现，因为他自由选择，所以毫不掩饰。孩子表情的自然伸展，表明孩子活在真我。没有人会嘲笑孩子，相反，人们注意到的是孩子的可爱。可见，只有当表达真我价值和激情的时候，人才是最真实的。

一枚硬币有两面，如果你只给别人看到其中的一面，那么别人会认为这面就是硬币，时间长了，你也会认为硬币就是这一面。如果你将另一面翻过来，别人会惊奇、抗拒，然后才是接受。最终认同原来另一面也是硬币。

每个人的人生就如同硬币，哪一面都是你活出来的，哪一面都代表你自己，在于你根据真我价值的召唤而自由选择，真实展现。在改变的过程中，你不能决定别人是否抗拒，但是你可以选择对待别人抗拒的心态。

活出真我的人发自内心地开心，没有被压迫感，展现出来的是真实的力量，是《中庸》中说的"天下至诚"的境界，它可以帮助人们发挥领导力，去实践"与天地参"的远大目标。

创造者

有一个女孩，认为完美的生活是既拥有事业又拥有家庭。而现实情况是，她身边有两个男人，一个年龄大她十几岁，有钱，对她事业有帮助；另一个年轻，有冲劲，能满足她感情上的需要。

她犹豫不定，难以取舍。

她想，最好是某个人同时具有这两个人的优点就好了。可是，这个人上哪去找呢？

她不知该如何选择，就带着这个问题去找教练。

教练问她：你等待一个你觉得完美的人从天而降已经等了多久？在你身边的人是因为他们不够完美，还是你认为他们达不到你心目中完美的标准？或者是你觉得自己不够完美，需要身边的人填充缺陷？你是否会考虑去帮助你身边的人变得完美？

有个企业家因为见到不幸的家庭太多，于是就不想成家，不想过家庭生活。

教练问：你不想要那种不幸的家庭生活，还是不想要有家庭生活？你认为世上的家庭生活是否全都是不幸的？你觉得是否有选择？是否可以去创造你想要的家庭生活？是结婚证书让你幸福，还是你已经在幸福当中，然后用你的幸福感塑造你的家庭生活？

阿南说他的企业需要经理助理，但企业内部的人不合适，去外面招聘又不放心，所以很为难。

教练听了之后问他：如果你需要的这个人在世界上根本就不存在，你会如何？如果这个人对你很重要，你会如何？

在等待、寻找之外，我们还可以创造。

如果身边还没有一个你心目中满意的领导、员工、爱人，那就把他创造出来。

生活的玫瑰园属于创造者。

第二节　承诺

很多人都认为自己懂得承诺，因为他们经常在做承诺。且慢，让我们先分解"承诺"两个字，看看其包含的两层意思。"承"是会意字，在甲骨文字形中，上面像跪着的人，下面像两只手，合起来表示人被双手捧着或接着。《说文解字》解释为"奉也，受也"，它的本义是"捧着"，后来演变为"承担"的意思。"诺"是形声字，

《说文解字》解释为："诺，应也。"本义为"表示"，是答应的方式和声音。

这样一分解后，承诺所包括的两个过程就显现出来了，先诺，后承，先答应，然后用行动承担。只有诺而没有承，不是真正的承诺，唯有两者合一，两个过程的统一，才能称为承诺。

用最简单的话来解释，承诺就是说到做到。回想一下我们的生活，你是不是经常答应别人，而没有按照你说的去做？相信每一个人都能找到口头到位而行动缺席的经历。教练技术在对承诺进行了承和诺的区分后，对那些说了而不做的行为，认为是做了一次口头的宣言，而且仅仅是一次宣言而已。宣言和承诺是两个概念。宣言重"言"，所有的东西都在宣言之中，承诺重"承"，一切均在行动中。

不要认为只喜欢宣言的人就没有承诺，他也在承诺，他在用行动承诺他的宣言是假的。事实上，人在每时每刻都在承诺。承诺不是看他说了什么，而应该看他做了什么。衡量承诺，行动是最好的答案和标准，比如你的另一半不止一次对你说他爱你，可是他经常夜不思归，经常在外面与其他异性水乳交融，他没有承诺吗？当然不是，他也在承诺，他承诺他说的爱你是骗你的，他承诺他的心不止你一个归宿，他承诺他经常用漂亮的宣言作为爱的幌子，他承诺他自己的爱的方式，他承诺他经常说谎。

所有人都有买书的经历和经验，你把钱付给别人，是否就买了书？不是，当别人把书交给你的时候，买卖过程才完成，才算真正买了书。承诺也是一样，诺是承诺的第一步，只有行动上兑现的时候，才是真正的承诺。你付了钱,别人不给你书,你会怎么反应?肯定不会罢休,要么被骗,要么索讨。那么,你答应了别人,却不去做,别人会怎么反应?会对你说的话产生怀疑。

宣言了却不去行动,实际上也是在行动,用的是不行动的方式去行动,只是行动的方向和你宣言的方向是背道而驰的,也就是说你仍然在承诺,承诺不愿意兑现宣言,承诺没有兑现宣言。别人听了你的宣言,也能感觉到你的另外一种承诺,行动方向与宣言方向不一致只能增加你的不可信度。

言必行,行必果,真正的承诺是行而有果,言为果之始,果为言之归。承诺创造了别人度量自己的一个标准,承诺是体现自己言行一致的方式——告诉别人我说的宣言,让别人来检视自己说的和做的是否一样。有人会说了:"既然承诺这么重要,那我只做不说,不就行了?"拒绝"诺"的人,就走到另外一个极端上去了,不敢"诺",就是不敢宣言一个标准出来,不让别人有评估自己的机会。逃避承诺只能说明对自己没有信心,看轻自己的能量;破坏承诺则是破坏自己做人的诚信,两者皆不可取。

当你宣言了一个标准后,一言既出,驷马难追,将心思和精力集中在宣言的目标上,在宣言的期限内达到,这样才是真正的"一诺千金"。所以,承诺是一种自律,别人相信你的承诺是基于你的诚信,实现承诺的方法是聚焦。

自律

人为什么要承诺？是为了讨别人的喜欢？还是为了达到物质上的目的？如果说是为了让别人喜欢，那么"我承诺做一个素食者"，又是讨谁的喜欢呢？如果仅仅是为了达到物质上的目的，那"我承诺不因为你生气而生气"，又是为了达到什么物质目的呢？看来只能是内心中的某种需求才可以解释得通。

我们认为承诺是因为自律。"我承诺做一个素食者"，是为了保护动物而自律，或者对自己的健康进行自律；"我承诺不因为你生气就生气"，是对自己的情绪进行自律。同样的，"我承诺明天还你钱"，是对自己的信用进行自律，"我承诺做一个快乐的人"，是对自己的人生进行自律。

下属向上级承诺"明天一定把报告递交给你"，当他说完后，一定会严于律己，才有可能按时、保证质量地完成任务。他会自我约束，会从时间上为这个任务做重点安排，或者放弃休闲娱乐，主动加班加点。愿意承诺的人，一定是很自律的人，愿意用承诺的内容来要求自己。

诸葛亮一生自律，忠于承诺，他的故事流传千古、催人泪下。在《出师表》中，他把"个人宣言"说得很清楚："臣本布衣，躬耕于南阳，苟全性命于乱世，不求闻达于诸侯。先帝不以臣卑鄙，猥自枉屈，三顾臣于草庐之中，咨臣以当世之事，由是感激，遂许先帝以驱驰。"他感激刘备的诚意，承诺跟随刘备，后来受任于败军之际，奉命于危难之间，到写《出师表》的时候，已经实践承诺21年了。

诸葛亮对待承诺的态度是这样的:"先帝知臣谨慎,故临崩寄臣以大事也。受命以来,夙夜忧叹,恐付托不效,以伤先帝之明。"受刘备托孤之重,承诺完成刘备未竟的大业,早晚忧虑,担心辜负先帝的重托。南方已定后,他就主动申请北定中原,其自律之心昭然可见。后来诸葛亮出兵征讨魏国之前,再次上书,其中提到:"(先帝)是故托臣而弗疑也。臣受命之日,寝不安席,食不甘味。"并再次宣言:"臣鞠躬尽瘁,死而后已。"诸葛亮果然说到做到,为他的承诺用尽一生,直到饮恨五丈原。世人提起诸葛亮,莫不为之感动,前后出师遗表在,令人一览泪沾襟。

在人际关系中,有一个最基本的法则,即你能直接影响其行为的人,就是你自己。在管理学上,人们一致认为,最有效最经济的管理形式,就是自我管理。所以,最有能力实现承诺的,是我们自己。任何承诺都看起来是在对别人承诺,本质上还是在为自己承诺,承诺于自己的自律。尤其是当你为生命定下一个承诺后,需要用一生的行动来完成。

诚信

当你给别人一个宣言后,别人会怎么样?期待。承诺是一个心理合同,是一个非正式的契约。心理合同的本质是对无形的心理内容的期待。自你宣言的时候,合同就在对方的心中生效,别人会根据你宣言的内容,期待在合同期满之前承诺生效。

当你的承诺只停留在宣言的阶段,并没有像你说的那样去实现承诺,等于你将心理合同单方面撕毁掉了,打破了别人的期待,让别人产生失望，继而对你的话产生怀疑，最后不信任你这个人，甚至会记恨你。婚姻破裂的原因有多种，其中比较普遍的因素是一方转移恋情，在行动上违背了当初的承诺。在现实中有不少人因为婚姻破裂而形同陌路，有的还反目成仇。

心理合同是非正式的，有很多不确定性，你可以变更合同的内容。假如你借了朋友珍藏的一本书，答应一个星期看完，可是你由于出差而只读了一半，而你又非常想看这本书，你别忘了与朋友协商，为你的承诺增加"补充协议"。对方的期待同样会随着"补充协议"而调整。承诺这个心理合同可以处在不断变更和修订的状态，不过，要双方协商，达成共识。

你以往的行为常常被人们作为期望的基础，人们据此来判断是否相信你的宣言。以往的行为构成了你的诚信。银行贷款，有一项是评估企业的信誉，它根据的就是企业以往的还贷承诺。企业以往言而有信，信誉就好，获得贷款的可能性就高。

在一个企业中，每个成员和不同的管理者，在任何时候都存在没有明文规定的一整套期望，这就是组织的承诺，影响着个人对组织的投入与认同程度。如果企业违反承诺，将使员工产生较低的信任和工作满意度，那些体验过这种违约的人更倾向于离职。在组织行为学中，有一种关于组织承诺的问卷，能够预测离职现象，甚至更能预测"离职意向"。可见承诺对于一个企业的重要性。

诚信是人和企业的基石。孔子说："人而无信，不知其可也。大车无輗，小车无軏，其何以行之哉？"做人没有诚信，不懂得基本的行为要求，就像大车失輗，小车失軏，怎么能"行走"呢？孔子的学生子夏也说："君子信而后劳其民，末信则以为厉己也；信而后谏，末信则以为谤己也。"君子得到民众信任，才能动员民众；没有得到民众信任，民众认为你在刁难；君子得到君主信任，才能谏诤君主，没有得到君主信任，君主认为你在诽谤。

信口开河，言而无信，是对诚信最大的破坏；敢于宣言，兑现承诺，可以夯实诚信的根基。

聚焦

诸葛亮能够赢得世人的尊重和感动，是因为他心无旁骛，一生的行为都在兑现承诺。他知道自己命垂旦夕，仰天长叹，手书遗表："死之将至，愿尽愚忠……何期病入膏肓，命垂旦夕，不及终事陛下，饮恨无穷！"他还说老家有桑八百株，薄田十五倾，家里人的生活不成问题。至于他自己，"臣在外任，别无调度，随身衣食，悉仰于宫，不别治生，以长尺寸。臣死之日，不使内有余帛，外有赢财，以负陛下也。"

按现代说法，这是诸葛亮写的一份"遗嘱"，在申报家里"桑田"财产后，诸葛亮说家里不会有更多的绸缎、外面也不会有任何产业钱财，不致辜负皇上的信任。诸葛亮任蜀汉丞相，后主称他"相父"，内外大事几乎全是他操心处置。这样的实权地位，如要敛财简直易如反掌；但他无意谋取钱财，全心全意投入了兴汉大业。

很多人的承诺难以实现，是因为有太多的诱惑和干扰，不能专注于宣言的目标。有一个重要的公式：$P=p-i$，第一个 P 是

performance，指外在表现和成绩，第二个 p 是 potential，表示潜能，i 是 interference，表示干扰。一个人的外在表现和成绩，是他的潜能减去干扰，干扰越大，成绩就越小。这个公式是美国的添·高威提出来的，他曾经是一名网球教练，后来将运动场上的训练方法引进企业界，催生了企业教练技术。

人的潜能是巨大的，干扰阻碍了潜能的发挥，降低了人们的表现，使人们达不到目标。在企业进行并购的时候，会传来各种批评的声音。听取建议当然有好处，但是如果并购者仅仅因为这些批评就放弃计划，那批评就成了他的干扰。优秀的企业家在做战略决策的时候，意志坚定，力排来自企业内外的各种干扰，最终以事实证明决策的正确。

如何判断一个人够不够专注，如何区分干扰？这与目标有关，所有与目标不一致的信念和想法，都是干扰。干扰并不一定是外人阻止你去实现目标，更多的表现在个人内在的信念和心态，集中体现在内心的对话。企业家投资新项目，肯定会听到各种声音，关键是这些声音在他心中产生了怎么样的对话，如果他有坚定的信念，有必胜的心态，就会对干扰绝缘，迈出革命性的一步。

对承诺的干扰有很多，比如拖延的习惯，"没关系，对方不会在意"的自我安慰，"这件事情不重要"的自我判断，等等。如果不排除干扰，承诺就会受影响，如果干扰占据上风，承诺可能就无法兑现。最终留给别人的，只有一份遗憾，一丝不快。留给自己的，是内心的愧疚和信用的衰减。

找到真正的干扰，就找到了表现不佳的原因，教练要在这里对被教练者深入挖掘，否则对方有可能根本不清楚失信的真正原因，有时候，对方说出来的，或者他自认为是原因的原因，只不过是一种表象，深层的"不为"动机是潜伏得更隐秘的干扰。

承诺也是一种自愿的行为，没有人强迫你，除非你愿意，如果有些事情你不愿意承诺，完全可以用拒绝来表明自己的真正想法，千万不要自欺欺人，伤害了别人，最终伤害到的肯定是自己。

承诺是执着于个人的自律，承诺就是看你的心思是放在哪里，承诺就是你在说了以后体现出来的行动。实现承诺一定要聚焦。如果你不想做一个没有信用的人，那就把焦点放在承诺的目标上，排除所有干扰，漂亮地履行你的心理合同。

没有希望

教练问客户：你的目标什么时候做到？

客户说：希望下周做到。

教练则回答说：没有希望。

这是在教练过程中常见的一种情况，背后隐藏着教练的挑战。

在文学作品中，"希望"是一个美好的字眼，表达着光明、青春、机会、活力、未来等意思。但是教练的语言和文学语言乃至普通逻辑关系中的语言有着不同的含义。

在教练的范畴中，教练会挑战对方所说的"希望"。为什么呢？

因为在教练的信念中只有两个选择：要么不做，要么做到。

说"希望做到"的意思是：我很想要做到这个成果，但能不能做到则不是由我来决定，需要环境（外部因素）的配合。环境不配合我就不保证能做到了。

有些时候说"希望"是没问题的。比如：我希望你身体健康。因为你的身体健康是属于你并且要由你来实现的。但在做自己的目标、由自己主导时还说什么"希望"就是另外一回事了。

教练要挑战的正是这种信念。因为这代表对方做到目标的决心不足，意向不强烈，不相信自己可以影响环境，在心态上还有所保留。

根据态度决定一切的原理，心态上的保留会导致行为上的保留，进而影响成果。所以教练要说：没有希望。意思是——如果你不是百分之百努力的话，别幻想有什么理想成果。

类似的语言还有"尽力而为"，意思是——我已尽力了，做不到是因为别的因素了，你还想我怎样？别再要求我了。

教练会听得到这些语言背后的心态，然后会挑战对方：不是希望做到，不是尽力而为，而是一定要做到。

所以，在教练特定的逻辑关系中，没有希望不是代表真的没有希望，它代表了教练的严谨和高要求。只有这样，被教练者才会真正提升达成目标的能力，而不是活在希望的幻觉当中。

第三节 负责任

我们拥有为别人寻找责任的超凡能力。不是吗？当你不容置疑地说"这是你的责任！"就已经把责任安在对方的肩上了，你的语气干脆果断，不容对方有丝毫的反驳。当你说"这不是我的责任"，就已经把责任锁定在别人身上了，很显然，既然你认为不是自己的责任，那肯定是其他人的责任。当你在会议上说"让我们找一找谁该为这件事情负责任"，你已经把自己排除在外了，如果你认为是自己的责任，那还用得着让大家找吗？

很有意思，观察我们的生活和工作环境，会发现在绝大部分情况下，负责任都是别人的事情，与自己无关。每个人都善于为别人寻找责任，每个人都能够为别人找到责任，而且动作神速，用时极短。

教练技术认为上述情况不是真正的负责任，而是借口和托词。有三点理由：首先，负责任是一种心态，是对待事物或者生命的心态；其次，负责任是关于自己的，而不是把目标放在别人身上，不是为别人寻找责任，自己才是负责任的主体；第三，个人的一切行动都是自己自由选择的结果，应该对自己的存在、行为负有完全的责任，任何外在因素都不是推诿责任的对象。

有一句古话："百善孝为先。"循心不循迹，循迹贫家无孝子。孝顺是百善之首，孝不孝顺，不是看你做了些什么，而是看你的心。如果只看做了些什么，贫穷人家就不可能有孝子了，因为贫穷，他买不起东西来孝顺父母。但是，孝顺在他的心中，比如他想让父母的生活状况好一些，可是条件不允许，父母能够感受到他的孝心，会为之欣慰。这句古话，从一个独特的角度说明负责任是一种心态。

《孟子》说："人病舍其田而芸人之田，所求于人者重，而所以自任者轻。"人们的毛病往往在于放弃自己的田地不耕种，却跑到别人的田里去除草——要求别人严格，自己负担的责任却很轻。把自己放在责任之外，以为别人的田地尽是杂草，而自己的田地里全是大豆高粱，还打起了"帮助别人"的招牌，实际上是在推卸责任。

如何理解个人应该对自己的选择负有完全的责任？引用西方著名哲学家萨特的一句话："我们是自己的选择。"你的过去，你今天的生活状况，以及你的未来，是你自己的选择，不是外界强加给你的。既然是自己的选择，就应该为选择负起责任，为现在所得到的一切负责任。

推卸责任等于将自己定位为外力决定下的牺牲者。看看这些说法："家里人从来没有真正关心过我，这就是为什么我总是觉得自己没用的原因""既然我是这个样子了，我也无能为力""我是个失败者，因为被人拒绝如此多次"……我没有用是因为家人不关心，责任在家人；我无能为力是因为别人把我搞成这样，责任在别人；我是失败者是因为别人多次拒绝我，责任在他人。哪一句话包含的意思不是这样：我是弱者，我是被你们害成这样的，你们应该为我的今天负责任！

很奇怪，人们在争辩对错的时候，当仁不让地把自己放在前台，拼命证明自己是对的，别人是错的；但是在承担"我为什么会这样""我现在是谁"，以及"我将会变得如何"的责任的时候，却是自己猥猥琐琐地躲在台下，很受害地证明别人是有用的，自己是无能的。一旦人自视为受害者，就会放大外界的作用，让别人来界定他的存在或者为他的选择承担责任。当一个人这样消极地假设有外因控制他的存在时，便会形成一种不真诚的存在模式，他真的认为自己的状况是别人给造成的。

前面说过，没有人能剥夺你的终极自由，你通过选择成为"你是什么样的人"，你才是自己的建筑师。自由和责任是一体的两面，你选择了自己，就必须为自己的生命、行动，以及不采取行动担负起全部的责任。

负责任的人才能够享受到真正的自由。从另外一个角度来理解这句话，有些人认为很多事情与自己无关，他们不去关注，不去研究，当情况变化，需要他们投入这些事情的时候，却无能为力。负责任的人，把自己置身于各种联系之中，在心态上担负责任，在行为上积极主动。负责任的心态为人们带来人生中重要的决定权，带来操之在我的内心的自由。

既然负责任是一种心态，那么它的内涵是什么？教练模式认为，人之所以不愿意负责任是因为存在分别心；负责任不是通过外界的强迫产生的，只有当一个人内心愿意，才能真正负起责任；负责任同样可以被感受到，那就是一个人心态和行为上的主动。

无分别心

"分别心"一词来自佛法。佛教认为，人世间的一切烦恼和痛苦都来源于人的分别心。佛典中说"心生则种种法生，心灭则种种法灭"，就是说现实世界中的一切差别，都源于人们的这种分别心。《信心铭》说：至道无难，惟嫌拣择。拣择就是分别心，你我就是分别心，它的最大特征是分彼此，经常在"我……我所……"的思维上做反应。《金刚经》所说"人相我相众生相"，就是分别心。

人一有分别便必然失心，动静来了，善恶来了，烦恼来了，喜欢不喜欢也来了。一般人的意识常常随着"六尘"（色、声、香、味、触、法）的种种形态而起分别，例如：这个人长相丑陋，我很讨厌；这个人声音粗哑，我很厌恶；这个人身有臭味，我很恶心；这个人干尽坏事，我很仇视；这个人身体残障，我不喜欢；这个人邪思邪念，我很反感。心有分别，就会生出好恶与烦恼。

大乘佛教认为，要得到彻底的解脱，就必须以无分别的、平等的"般若"智慧，从根本上去除人们的分别心，这就是《金刚经》中所谓的"是法平等，无有高下，是名阿耨多罗三藐三菩提"。佛祖告诉大家，平常心就是道。平常心就是不起分别心，管你什么生死涅槃，善恶美丑，饥来吃饭困来眠，该笑就笑，该哭就哭，任运自在，自在任运，这就是平常心。有分别心常常让人陷入痛苦和烦恼。父母拿自己的孩子跟别人的比较，才会强迫孩子变成"别人家的"孩子。许多人生活在分辨中，用财富作为幸福生活的标准，同人比较，有了"看上不看下"的失衡心态。

分别心从何而来？答案可能会让很多人不安，分别心来源于知识。我们生下来的时候，没有对错和善恶的标准，是社会和别人教会了我们这种标准，外在知识学得越多，分别心就会越大。知识教人起分别心，在知识领域，人们会因此迷失了自我。弥勒菩萨说："分别是识，无分别是智。依识染，依智净。染有生死，净无诸佛。"因此，禅宗否定一切分别意识，不容许意识分别来参与其中。

解释起"分别心"这个概念很容易，但能否不起分别心则是另外一回事。它不属于知，而属于心态上的行动。我们生活在现代社会，不可能不学习知识，知识和工具让我们适应这个社会，然而，人要不起分别心，就需要凭借人的本性来生活。所以，就像我们的人本模式，内修与外学同等重要，只有通透地了解自己，了解"人"，分别心才会逐渐消失。去除分别心，才能够为任何事情负责任，才能在负责任的那一刻体验到内心的自由。

愿意

负责任发自内心，是一种自愿的心态。在生活中，不少人谈到负责任，会有被迫的感觉。这不是负责任，而是一种假象。比如工作出现了失误，大家追究责任，结果把责任人追究到了，也实施了相应的惩处，认为有人负责任了。其实，这不叫负责任，而是在追究对错，向认为不对的人施加某种压力和惩罚。

类似的行为上的"负责任"，不代表内心的负责任。大家把负责任作为主题，谈论的是谁的过错，是在评估整件事情的错误来源和轻重，根本不是在讲负责任。如果是真的负责任，那就是发自内心的，心甘情愿的，被罚的人就不会心生委屈了，但现实恰恰相反。

当你开车不小心同别人的车相撞了，对方跳下车来，声色严厉地指着你的鼻子说："你要负责任！"你诚恳地回应他："我对这件事情负责任。"

你认为情况会怎样？他不会罢休，会继续追究你的责任。本来，他说你要负责任，你已经负责任了，可是事情为什么没完呢？原来，他说的根本不是负责任，他想表达的意思是："你撞了我的车，是你的错！"同时还包含着更进一步的信息："因为是你的错，你要赔偿我的损失！"

如果没有例外，"你要负责任"代表的意思就是"这是你的错"。谁的过错与负责任是两个范畴，错对自有交警根据交通法规来判断，赔偿也会由交警来处理，为什么全都挂在负责任上了呢？遗憾的是，人们习惯于把它们混在一起，还以为很负责任。

人们存有误解，以为负责任就是一定要做什么。负责任可以有所作为，也可以不做任何事情。当我愿意为所有事情负责任的时候，我就去负责任。我可能什么也没有做，但是我仍然是负责任的。负责任也是一种心态，是一种心到。

你可以选择不负责任，不过你得对自己的不负责任而负责任。你的人生选择是自由的，但你必须承担你选择所造成的一切后果。极端地说：你选择抢劫，成就你是抢劫犯的命运，你就要背起这个命运。因为这是你自己的选择。负责任就是把责任归因到"我"，事情因"我"而起，结果因"我"而得，一切都是"我"自愿的，不去怨天尤人，不去责怪外界和他人，而是很负责任地去接受这一切。

主动

相信很多人都读过"把信送给加西亚"的故事。这篇文章最先出现在1899年的一本杂志上，后来被收录在戴尔·卡耐基的一本书中，几乎被世界上所有语言翻译过。在这里引用部分原文：

当美西战争爆发后，美国必须立即跟西班牙的反抗军首领加西亚取得联系。加西亚在古巴丛林的山里——没有人知道确切的地点，所以无法写信或打电话给他，美国总统必须尽快获得他的合作。怎么办呢？

有人对总统说："有一个名叫罗文的人，有办法找到加西亚，也只有他才能找得到。"他们把罗文找来，交给他一封写给加西亚的信。关于那个名叫罗文的人，如何拿了信，把它装进一个油质的袋子里，封好，吊在胸口，划着一艘小船，四天后的一个夜里，在古巴上岸，消逝于丛林中，接着在三个星期之后，从古巴岛的那一边出来，以徒步走过一个危机四伏的国家，把那封信交给加西亚——这些细节都不是我想说明的。我要强调的重点是：麦金利总统把一封写给加西亚的信交给罗文，而罗文接过信之后，并没有问："他在什么地方"？

　　罗文负责任的心态感动了世界上不同国家的人，以致这篇文章在世界各地广为流传了一百多年而不衰。负责任就是这样的，不问为什么，而是积极主动地承担起责任。只有心态上负责任了，行为才会主动，行动才会更加有效。

　　有人会问了："主动负责任，把所有问题都自己扛，难道不是很累？"这是将负责任当成了一种负担。事实不然，因为我们说过，负责任不一定是要做什么，千万别把负责任与行动划等号；另外，更为重要的是，你负责任后，你是主动的，自愿的，心情是轻松的，不会心生埋怨，不会有压迫感，外在表现是舒坦自在。

　　就拿上面举的一些例子来说明，工作出现失误后，抱着负责任的心态，就会积极主动地寻找解决办法，而不是纠缠于对错，也不会成为受害者；不小心撞车后，用负责任的心态去找处理方法，就不会心生怒气，相互指责。

　　当人们说"这不关我的事"那一刻，是在否定自己的存在，否定自己的重要性，推卸责任的人，已经在心中让别人打倒了自己。对一切负责任的人，不会受害于他人和外在环境，而是以主动的姿态，令外界感受到其内在的负责之心和无法抗拒的影响力。

教练小智慧

谁来负责任

失败者寻找借口，成功者自己负责任。

"团队有人迟到。你应为他的迟到负什么责任？"

当教练这样问一个被教练者时他很不理解。

他还用了一个例子来辩解：有一次，发生了交通事故，肇事司机跑掉了。警察问：谁负责任？难道这时我要站出来，说我负责任？

这是关于负责任最常见的误区。以为负责任是去承担什么惩罚、承担什么后果。其实负责任是关于心态的，让你看到你可以有更多的选择。

说回上面的交通事故的例子。你也是可以负责任的，不过不是要你去领警察的罚单，而是你可以发挥你的影响，让更多的人遵守交通规则，是以这种方式来负责任。

同样的，当团队有人迟到的时候，你可以负的责任就是：发挥你对他的影响力，令他知道遵守时间的重要性，下次不再迟到。

你是否经常会对市场环境的恶化、内部管理不善乃至世界上战争的爆发、森林的过度采伐感到无能为力？

你是否遇到过这样的情况：我很想为公司负责任，但我根本没机会见到老总。

实际上你是可以发挥你的作用去负责任的。你见不到老总但你可以影响那些见得到他的人，直到这种影响到达老总那里。

你在一件事情上负责任的态度，意味着你在这件事情上有多大的影响力。

一位印度哲人说的：负起责任将能够使你自由。

这句话是否有点费解？不过，当你真正去负责任的时候，你一定能体会得到那是什么意思。

第四节　欣赏

《老子》说："圣人无常心，以百姓心为心。善者，吾善之；不善者，吾亦善之，德善。信者，吾信之；不信者，吾亦信之，德信。"圣人没有主观成见，以百姓的心为心。对于善良的人，圣人报之以善良，对于不善良的人，圣人也报之以善良，所以圣人在善良者的心中鼓励并加强了善良，在不善良者心中培植了善良。对于诚实的人，圣人报之以诚实，对于不诚实的人，圣人也报之以诚实，这样可以使得人人守信诚实。

老子的这段话本意是说要为民着想，放到今天就是"欣赏"，欣赏所有的人。不过，在现实生活中，"善者吾善之""信者吾信之"容易做到，而"不善者吾亦善之""不信者吾亦信之"说来容易，做起来难。因为我们的心里有分别，分别让我们产生了判断，判断让我们有了欣赏和拒绝的不同对待。

为什么自己的孩子那么可爱？因为他是自己的孩子，为什么对别人的孩子感觉就淡漠？因为那是别人的孩子，差别源自判断。实际上，"人之初，性本善"（《三字经》），孩子的可爱是一样的，孩子的童真和纯洁并不因为是谁的孩子而有所改变，孩子并不因为与谁有血缘关系而具备独特的可爱细胞。这种不同是我们的感觉和长期形成的判断。这种判断是根植在我们心里的一种价值标准，比如好和坏，美与丑，喜欢不喜欢等等。

欣赏就是要超越这种价值标准，不管好坏，欣赏它，不管美丑，欣赏它，不管是谁的孩子，去爱他。孔子说："三人行，必有我师焉，择其善者而从之，其不善者而改之。"每个人都是自己的老师，比我好的固然是我的老师，不如我的也是我的老师，因为看到他的不善，可以引以为戒。这也是俗话讲的"尺有所短，寸有所长"，由于应用的场合不同，一尺也有不够长的时候，而一寸也有多余的时候，事物各有长处和短处，任何人都有优点和缺点，为什么不将眼光放在长处，为什么不注重人的优点呢？欣赏就是既看到尺的价值，也看到寸的优势。

欣赏之心让领导者深得人心。现代人力资源的精髓之一，是把合适的人放到合适的位置上，其中的核心就是欣赏。因为企业是一个大系统，涵盖了生产、销售、市场、财务等不同的专业，不同专业的人才之间，如果用一个全面统一的标准来衡量，肯定人无完人，找不到符合标准的人才，毕竟术业有专攻，人人有性格。但是，当你用欣赏的眼光，就能从每个人身上找到闪光之处，再用最"合适"的位置来匹配，那么人尽其才就不是难事了。

《战国策》中提到，"士为知己者死，女为悦己者容"，豪侠之士为了报答他人的知遇之恩，不惜生命，赴汤蹈火也在所不惜。在这里不去讲述和评判那些动人的故事，让我们看看其中的驱动力究竟是什么。志士为了解自己的人而牺牲，女子为喜欢自己的人而打扮，"了解"和"喜欢"两个动词，代表的就是发自内心的欣赏和赞叹。可见欣赏是一种积极的心态，展现的是对别人的肯定，可以激发出他人内在的力量，收获别人的激情和投入。在古代，豪侠之士甚至以生命来回报，欣赏的威力可见一斑。

欣赏的价值古今通用，欣赏的作用永不过期。尤其在团队中，欣赏可以激发他人的激情，能够引发积极的团队氛围，可以形成企业的向心力。不可忽视的是欣赏的传递速度，当领导者经常用欣赏的眼光来对待下属，经常用欣赏的方式来领导企业，那么，被欣赏的人就会焕发出自信，会心甘情愿地将欣赏的眼光播种到他人的身上，欣赏于是在人际链条上快速传播，团队的氛围因此而积极、融洽，企业士气必定高涨。

就像每个人都拥有笑的能力一样，每个人都拥有欣赏他人的资源，它不需要刻意准备，也不需要任何资本。关键在于你是否愿意真心欣赏别人，是否真正把它发挥出来。发自肺腑的欣赏是因为内心的爱，欣赏的出发点是珍惜所拥有的一切，欣赏的表现方式不是拒绝，而是接纳。

爱

爱是什么？每个人可能有不同的回答。在继续谈论爱之前，问大家一个问题，每个人都很关注自己的健康，那么，医生有没有告诉过你什么是健康？也许你会说，身体没病就是健康，那怎么样才算没病？

很显然，健康来自内在，它无法被定义。对于健康的定义，我们只能说没有疾病的存在就是健康。真正的情况是：健康并不是被创造出来的，它或者被疾病隐藏起来，或者当没有病的时候它自己就显露出来了。健康已经在我们内心，健康是我们的本性。

同样，爱也在我们的内心，爱是我们固有的本性。爱是很难定义的，爱是内在的体验，是一种自由的抉择，爱也是行动，是一种基于意愿的行动。

欣赏之爱是广博的，不分彼此，不论丑恶。事物都具有两面性和可变性的特征，因而任何事物都是相对的，不是绝对的。美中有丑，丑可化美；善中有恶，恶可化善。任何美与善的事物，本身就包含着不美、不善的一面。那么，我们有什么理由认定一件事情是丑的而不去爱呢？

人们经常对爱有误解，第一个误解是把爱自己当成是爱别人。

当领导者对下属说:"我很关心你,你却不听我的话。"领导者自认为对下属很关爱,其实是在责备下属;领导者觉得自己一直在爱下属,不过是在爱自己,爱自己的想法和观念,爱自己的高大形象。欣赏之爱是将注意力放在对方身上,爱对方的优点,而不是爱自己延伸出去的优点。

对爱的第二个误解是把依赖当成爱。当一个人得不到另一个人尽心的照料和关心,就觉得自己不完整,无法正常地生活时,就构成了依赖。有人因为自己的配偶忙于工作,没有足够的时间一起生活,就说:"我不要活了,没有了他,活着还有什么意思,我太爱他了。"这是一种消极的依赖。真正的爱是自由的抉择——给自己自由,也给对方自由。

消极依赖的人成天忙着寻求别人爱他们,以致根本没有精力去爱别人。像一群饥饿的人,只会跟别人要食物,自己没有一点点食物可资付出。他们心里有个无底洞,永远填不满,永远没有满足感,永远觉得"少了一部分"。他们无法忍受寂寞,更没有自我认知,唯有靠着与别人的关系来界定自我。

人们经常将"喜欢"与"爱"混为一谈。父母不喜欢孩子的某些习惯,严厉地要求孩子改掉,但是,有些孩子却据此认为父母不爱自己,这实在是对爱的误解,父母只是不喜欢孩子的行为,并不是不爱孩子。

爱的理由只有一个,那就是"爱",喜欢的理由可以很多而且各不相同。爱一个人是爱他的整体,喜欢一个人,喜欢的一般是局部；爱是没有标准的，喜欢却有很多标准；爱带有关心，焦点在对方，喜欢是喜欢自己的感觉，焦点在"我"的内心感受。

爱是一颗感恩之心，爱是一个周而复始的过程，爱的目标有自己，同样重要的还有身外的人和物。欣赏是因为与生俱来的爱，不懂得欣赏的人，已经将爱尘封在心底，主动放弃了爱的能力。欣赏之爱是拥抱所有走近的人。

珍惜

欣赏就是看到他人的优点，看到事情的好处。欣赏就是珍惜你所拥有的，珍惜你所看到的，而不是去判断对错和好坏，不是去评估美丑和善恶。欣赏是一种心态，更是一种能力，一种发现优点和价值，并且能够及时表达爱的能力。

古人深谙欣赏的道理，创造了"敝帚自珍"这个词——将破旧的扫帚视作宝物来珍惜，自己的东西虽然并不好或不贵重，但自己爱惜。敝帚自珍才能让别人觉得珍贵，珍惜自己才可能得到别人的欣赏。

《庄子》中讲了一个小故事。公文轩看见右师大吃一惊，说："这是怎样的一种人啊？怎么只有一只脚呢？是天生的吗？还是人为造成的呢？"右师说："是天生的，不是人为造成的。天生这样让我独特而不一般，一般人的形体是有两只脚的。因此知道我这是天生的，不是人为的。"多好的欣赏角度！听者无不为之感动。

有一部极富人性的电影《美丽心灵》，一举囊括了 2002 年奥斯卡金像奖4项大奖。故事的原型是美国的数学家纳什，他在早年有个惊人的数学发现——撰写了关于博弈论的论文《竞争中的数学》，开始享有国际声誉。但纳什出众的直觉受到精神分裂症的困扰，被医生认为无法治愈。纳什的遭遇把太太艾丽西亚(Alicia)吓坏了，但她从她深爱着的男人身上发现了他的超凡魅力，更加坚定地支持和爱他。

在艾丽西亚的爱和照料下，纳什经过几十年的努力，终于战胜了不幸，并于1994年获得了诺贝尔经济学奖。他和艾丽西亚谱写了一个美丽心灵的感人故事。

纳什完美吗？用普通人的标准，纳什的身体存在极大的缺陷，更不用谈完美了；然而，纳什又是完美的，他的精神，他对人类的贡献，超过了无数身体上比他完美的人。

所以，人们应该感激自己这个天赐之物，对自己的一切要敝帚自珍，运用特殊的"我"去发现并创造美。如果停留在判断上，将找不到判断纳什的标尺。判断只能让我们花大量的时间去把"好的"和"坏的"区分出来，并且把认为是"坏的"的拒绝掉，关键是，谁说"坏的"就是坏的呢？

珍惜别人才能够欣赏别人。"我"有"我"存在的理由，也有"我"存在的方式，那么，既然承认了"我"的合理性，为什么就不能认可"他"存在的合理性呢？我们要接受这一点：每一个人、每一件事情都有其独特的存在和表现方式。

珍惜别人是欣赏别人的起点，如果始终站在自己的角度去看问题，站在自己的位置去理解别人，那就永远都理解不了别人，永远都无法欣赏。

右师说得好："天之生使独也。"意思是说天生这样让我独特而不一般。判断的结果是二元选择，要么对，要么错，要么美，要么丑。如果一定要给欣赏找一个标准的话，那它不是对错这样的二元价值标准，应该是与众不同的"特点"。

人们拒绝欣赏就是因为人或者事物有缺点、有丑恶，我们认为，欣赏不是因为完美和美好，而是因为人和事物的"特点"。当我们转换思路，会发现"特点"就是完美，维纳斯缺少胳膊，我们却认为她是完美的。

完美是一刹那之间的事情，在一刹那之间，不高不矮，不大不小，不长不短，就是完美无缺。就像拍照，拍的瞬间是很完美的，人生在每一刹那也是完美的。

当我们珍惜"特点"，在每一个时段，都可以欣赏到每一刹那发生的事情，可以体验到每一刹那产生的完美之美。

接纳

在言语中经常说"不"的人，在工作中常常否定别人的人，肯定不是一位善于欣赏的领导者，因为他表现出来的是拒绝，流露出来的是"我在你之上"的居高临下。欣赏的表现方式不是拒绝，而是接纳。

拒绝带给人挫折感，拒绝也会让人产生无力感。尤其是当别人满怀信心，为一件事情投入了激情和精力后，领导者当头一棒的拒绝，挤对出来的是泄气和自卑，还有别人掩盖在表面顺从之下的内心不满。

欣赏不是去争辩,而是接纳对方这个人,从中捕获到别人的优点,并且为对方的优点惊喜和赞赏。一个赞许的眼色,一个会心的微笑,一次友好的拍肩,一句鼓励的语言,接纳就产生在不经意之间,发自内心,对方心领神会。

欣赏就像一个磁场,人只要走到磁场中,会因为"特点"而接纳对方,哪怕是很挑剔的人,也会对对方的不足视而不见。有研究说,人们面对自己欣赏的人,对他的包容度非常之大,接收到的几乎都是自己欣赏的特点。

名人的演讲效应就是一个很好的例子,一位备受欣赏的人在讲台上说话,即使他没有讲什么深奥的道理,即使他并不擅长演讲,听者也会领首称是,感到受益无穷。无他,唯欣赏耳。

很多人不喜欢斤斤计较的人,有欣赏之心的领导者却安排这样的人从事财务工作,结果匹配恰当,那人表现突出。在别人拒绝的地方,欣赏者看人之大,看到了潜在的价值,这就是欣赏的穿透力。

教练小智慧

欣赏每个人

欣赏是一种视角和胸怀,也是一种能力。

欣赏一个人是去看他的长处和特质,在教练他的时候可以让他扬长避短，更好地取得成果。

教练在很多时候要被教练者打破他的框框，不要被自己的假设限制。不过教练自己也是有一个假设的，甚至可以说，教练的一切工作，正是基于这个假设。

这个假设就是：相信每个人都是愿意向善、愿意上进的。

那么这样会不会太唯心了呢？

有位资深教练作了一个很好的区分：我们相信每个人都是好人，不等于每个人都会做一个好人应该做的事，除非你肯做一些事情，令他们如此。

这是一个很重要的区分，不仅在这里，在其他关于心态的地方也是如此。

欣赏每个人是一种视角和胸怀，也是一种能力。但仅仅懂得欣赏是不够的，我们还需要主动做一些事，让对方真的像我们欣赏的那样，活得精彩。

第五节　付出

不少人将付出当成了索取的条件。两个人恋爱，其中一个人很抱怨地说："我对你已经很付出了，你为什么还是那么对我？"意思是我付出了大量的爱，你却如此吝啬你的爱；公司老板用心良苦地培训员工，员工翅膀硬了就想飞出去，老板几乎是痛心疾首："我为你付出了那么多，你却这样对我？！"

类似上面的情况在生活中并不鲜见，人们"做什么"的直接目

的是为了对方相应的"做什么"来回报。当对方没有按照自己的期望来回报,就会产生失望和抱怨,认为自己的付出恰如一江春水向东流,白费了心机、精力和金钱。

教练认为出现这些状况,是人们对付出的意义并不真正了解。第一,付出和索取这对反义词,是关于心态的,并不是指人们做了些什么;第二,人们争执的时候,忽略了付出与索取之间的一个中间地带——投资。

一个人倾其所有帮助别人,有可能是付出,也有可能是索取。其中的分别不是他拿东西资助别人这个动作,而是他站在什么角度去做这件事情,他的焦点在哪里?如果他这样做的出发点完全是考虑对方,那他就是在付出,如果他的焦点是想通过帮助对方得到某种好处,那他就是在索取。

付出是一种为对方考虑的真心,是一种开放的心态。公司有职员另谋高就,老板很真诚地说:"我尊重你的选择,支持你去做自己想做的事情,如果你想回来,随时欢迎。"有些老板不仅将渴望创业的职员扶上马,还帮助他快马扬鞭,送上一程。老板的心中,考虑的不是我能得到什么好处,是对方的发展和前景。

索取是一种事事为我的封闭心态。有些老板听到职员想离职的消息，首先想到的是自己的损失，于是怒火中烧，甚至对职员产生怨恨，索取之心暴露无遗。员工在做事情的时候，不考虑公司的利益，而只考虑个人的好处，这便是索取；老板在用员工的时候，不是考虑他的成长和进步，只想到用对方来为自己做事，这也是索取。

索取心态的封闭性体现在三个方面：

一、做任何事情的出发点是满足"我"的需要，对方提供的满足稍有欠缺，就开始指责和埋怨；

二、"我"的需要永无止境，哪怕得到了很多，依然是不够的；

三、"我"有能量，但是不愿意拿出来，即使拿出来，也必须先清楚"我将得到什么"。

人们容易在做了什么事情，做多做少上争论不休，抱怨付出和得到的不成比例，抱怨对方索取的太多。实际上，人们争论的已经不是心态，而是衡量投资回报的实际标准。交易是人类进步的一种社会形式，是资源流通的重要渠道。企业雇佣员工，企业投资了资金和资源，员工投资了智慧和时间，双方在做一笔交易，投资讲究回报，交易有交易的规则，双方按照预定的投资回报率和规则探讨协商。交易不是付出和索取，量化的东西更不能代表付出和索取，它们仅仅存在于人们的心态之中。

索取的焦点是自己，是"你能给我做什么"的思考方式，对方所有的努力应该都是为了自己。付出的思考起点是"他人"，凡事为别人考虑，善于成就他人，付出不一定是要拿出什么物质上的东西。索取是把"我"放在中心,付出是把"你"放在中心。无论人们是否在做事情,无论人们在做什么事情,心态在"你",就是付出,心态在"我",就是索取。

老子有两句话点出了付出的精髓,其中一句是:"天长地久。天地之所以能长且久者,以其不自生,故能长生。"天地之所以长久,乃是因为它们的一切都不为自己,所以能够长久。人的生命不能天长地久,但是人的精神和思想可以千古流传。将付出当作为人之道,是做人的一种境界。优秀的领导者甘愿付出,因而追随者众。

有人把"付出"时常挂在嘴边,自我表扬是乐于付出的人。真实情况是这样的吗?自认为是付出,却有可能是在索取。要想明白个中缘由,得先看看付出的内在机制和外在表现:人们付出的深层原因是隐含得很深的自私;人们付出的时候获得了心中的喜悦,这是付出的出发点;付出的焦点在对方,其表现形式是"无我"。

自私

付出是因为自私?凭什么这样说?

在这里引用老子说的另外一句话:"是以圣人后其身而身先,外其身而身存。非以其无私邪?故能成其私。"所以有道的人把自己退到后面,反而赢得爱戴;把自己置之度外,反而能保全性命。不正是由于他不自私吗?反而能成就自己。

用更通俗的话来解释,更容易理解老子的逻辑:不把自己的意欲摆在前头的人("后其身"),自然能赢得大家的爱戴("身先");

不把自己的利害做优先考虑的人（"外其身"），自然能完成他的精神使命（"身存"）。这种人，正是由于他处处为别人着想（"无私"），反而能够成就他的理想生活（"成其私"）。

无私就是付出。然而，老子每讲一个无私，都会推导出相应的自私，无私的目的就是达到这样的自私，最后归纳到所有的付出，不就是为了"成其私"？还是回到自私上来了。"成其私"是最后的结果，是"无私"的本质，自私是人的本性，也是人存在的目的。

不过，圣人的自私和常人的自私是不同的。常人的自私，自私于有形，自私于物质享受，自私得让人不胜其烦；圣人的自私，自私于无形，自私于精神追求，自私的境界让人无限景仰。这是完全不同的两个层次。所以，一般人的自私，主要是考虑自己，追求利益最大化，不顾行为短期化，只想着自己能得到什么现实利益，也就是古人说的"小人舍义取利"；圣人的自私，是孟子讲的"圣人舍生取义"，是放眼众生，善达天下，在无私的付出中成全自私的愿望，追求的是义和道上的境界。

明代薛蕙在《老子集解》中做了进一步的说明："夫圣人之无私，初非有欲成其私之心也。然而私以之成，此自然之道耳。"圣人的无私付出，起初没有想到会成就自己的私心，然而后来自己的私心就达到了，这是自然规律。自然的规律就是这样，任何无私肯定都隐含着自私在其中，任何付出肯定都将促成人的某种目的。就拿人们乐善好施的募捐来体验，即使你投钱到募捐箱时不期望任何回报，但你仍然喜欢在募捐的刹那间心中涌起来的温暖。

把上面《道德经》的两句话连起来(原本就是连起来的)，就明白其真正意思了。万物和天地本来便是一个整体、同体的生命，万物的生死只是表层现象的两头，它本来就是一个整体的"大我"。圣人没有自私的表现，所以便完成了他那真正整体的、同体的"大私"。这与现代人常说的"大我"与"小我"的概念是一致的。

明白这个道理后，其中的奥妙随处可见。甘地的无私是建立在他的"大私"基础上的，同时也是为了实现他的"大私"，也就是和平与平等的远大理想。就拿人们生活中的现象来讲，两性之间的流行语是"我爱你"。"我爱你"是一种付出，那么有没有自私在里面呢？如果对方爱上了另外一个人，情况会怎么样呢？恐怕"我爱你"会变成"我恨你"。可见，"我爱你"的潜台词是"我爱你，是想你只爱我一个人"，还是一个"私"字，不过，此"私"是为了双方共同拥有幸福的感受和生活，比单独的一己之私高了一个层次，是爱情上的"大私"。只有双方都成为对方唯一的至爱，爱情才能长久。

人活着肯定有自己的目标和想法，获取目标、实现想法的方式有两种：一种是依靠自私的方法得到，不择手段，唯我为先；一种是凭借无私的付出得到，成全他人，利人利己。尽管最终的结果都是"成其私"，可过程不一样，带给别人的感觉也不一样，达到的境界自然也不一样。

喜悦

既然付出是因为自私,那么,在大部分情况下,人们付出究竟是为了何种目的呢?或者说人们究竟能够从中获得什么呢?

付出的形式有很多种,付出的对象各不相同。对子女的爱是父母亲式独特的付出,对下属的关心是领导者培养人才的付出,资助失学儿童是人们慈善之心的付出,身先士卒是领军人物树立典范的付出。尽管付出的内容和形式千差万别,有一点是相通的,那就是付出的人在付出的时刻是开心的,内心是充满喜悦的。

付出并不一定是针对人,也针对事情。唐代诗人元稹和白居易没有儿子,元稹给白居易写信时表示忧虑:"天遣两家无嗣子,欲将文字付谁人?"没有继承人,我们写的诗文是不是也要去黄泉了?白居易写了一首诗来回答:"满帙填箱唱和诗,少年为戏老成悲。声声丽曲敲寒玉,句句妍辞缀色丝。吟玩独当明月夜,伤嗟同是白头时。由来才命相磨折,天遣无儿欲怨谁。"两人将青春和毕生的精力付出给了诗文,尽管"由来才命相磨折",但是,努力和付出的过程是很喜悦的,体验到的是"声声丽曲敲寒玉,句句妍辞缀色丝"的精神愉悦,所以,没有儿子也不能怨恨谁了。历史证明元稹的担心是多余的,尽管没有传宗接代的儿子,但他们创造的文化遗产却流芳千古,成了世界的文化珍品。

因为自愿和主动,付出的人内心洋溢着喜悦;把焦点放在对方的身上,想让对方好上加好,每当看到对方些许的进步,付出的人喜不自禁。心理学家弗兰克说:"人们所要求的最终并不是幸福生活本身，而是某种构成幸福生活的因素。"付出所产出的作用是成全别人，喜悦自己，付出赋予人一种幸福和快乐的根据。

付出赋予的这种快乐根据让很多人用一生去经历和体验，古希腊科学家阿基米德就是一个代表人物。他一生有许多发明，使他赢得了超乎常人的名望，但他却并未利用这些发明获得了什么利益，也并未屈尊留下任何有关这些发明的著述。相反，他鄙薄任何仅仅出于实用和赢利目的的技艺，他全部情感与理想寄托于与尘世无涉的思索之中。同样，西方历史上的哥白尼、布鲁诺，以及伽利略等人，为了探索无穷无尽的未知世界，走上了一条充满荆棘的道路，甚至甘愿踏进地狱之门。他们为真理而付出，得益的是整个人类。

有这样一句流传于市场中的谚语："你赚来的钱不是你的，只有你花出去的钱才是你的。"想一想很精辟。人们在获取的过程中有乐趣，然而，获取了又怎么样呢？只有将获取的东西返还到社会，才是一个完整的过程。更大的乐趣产生在付出的瞬间，那才是真正属于你的。

人与人之间的付出符合这样的逻辑：我想你快乐，你快乐，我才快乐。用一句话来概括：付出是快乐着他人的快乐，最终快乐着自己的快乐。

无我

付出是不计较自己的得失的，付出也不会要求物质上的回报。《菜根谭》说："施恩者，内不见己，外不见人，则斗粟可以当万钟之报；利物者，计己之施，责人之报，虽百镒难成一文之功。"意思是，真正的施恩者，心中既没有自己施恩于人的念头，也没有别人受恩于我的念头，只要出于真心，一斗粟可抵得上万钟粮食；那些接济别人财物的人，时时都在计算自己的付出，要求别人给予相应的回报，这样的人，即使为他人贡献出黄金百镒，也没有一文钱的功德。

付出是"无我"的，一旦"有我"，那就不是付出，而是索取。"我对他那么好，他却不对我好"的抱怨，表面看有道理，因为他的确付出了——对别人很好；细想又不是，因为他付出的目的是索取——对方也要对我好。那么，如果对方不对他好，是不是就意味着他要停止付出了呢？极有可能。付出不能将付出本身作为条件，不能以此去兑换他人的情感和财物。否则，付出是假，索取是真。付出的直接收获是精神上的愉悦。

"无我"并不是否定"我"的存在，相反，它有两个重要的前提：

一、我是重要的，因为我重要，所以有能力付出；

二、我是足够的，与此相反，索取心态盘旋的是"我是不足够的"。

有了这两个前提，才出现了"无我"的表现：你是最重要的。

付出的程度决定于"大我"的宽度，"大我"有多大，付出覆盖的面积就会相应的有多大；付出的效率取决于舍弃"小我"的速度，"小我"消失得有多快，付出的行动和产生的效率就相应的有多快。付出是人类带给别人和自己的最大的礼物，领导者在付出中体会到的，不仅仅是团队的生机与活力，还有一份做人的快感和满足。

付出与投资

阿南说最近不开心。教练问他为什么。他说因为有个主管离职。

教练反馈：员工离职是很正常的啊，每个企业都可能会遇到，为什么这么不开心？

阿南说：别人离开没什么，但是我为这个主管付出了很多，他居然还离开，我当然不开心啦。他离开的那天晚上，我一个晚上都没睡着，问自己为什么，哪里做得不好。

听到这里，教练为阿南做了区分：听起来你的付出是有条件的，条件就是他不能离开。那么你到底是付出，还是投资？你现在投资失败，而投资本身就有风险，失败也很正常。我的问题是你能从中学习到什么，让下次投资可以成功？

这番对答让阿南笑出声来。同时也让他卸下心头沉重的包袱。

区分开投资与付出，让阿南已能够以平常心看待这件事，无须责怪他人也不必自责，可以轻松地面对。

另外有一个相似的例子。也是混淆了付出与投资。

有个企业管理者说：学习教练技术让我付出了几万元。很明显感觉到他的话中有一种炫耀和自得的意思。

教练就跟他区分：你拿出了几万元，但你也学到了一套很有用的管理技术。这是投资而不是付出。如果你什么都不学，无条件地拿出几万来，这才是真正的付出呢。你也是生意人，这个道理相信你能明白。

这位管理者点头称是。

我们受害于自己的付出，往往是因为我们为付出加上了条件。而这个条件已经令付出变成了投资。有效区分，能令我们用投资的心态处理投资的事情。

然后，学习轻松愉快地付出。

第六节　信任

人们对信任做了很多定义和解释，不同的领域对信任的理解并不相同。归纳起来，基本上脱离不了这两个方面：要么从信念上定义信任，认为信任是一种信念，自信或预期一方值得信赖并获得其专业知识与可靠性，这是倾向于心理学的观点；要么从行为互动上定义信任，认为信任是一种行为意图或行为，反映了一方对他方行为的信赖，这是倾向于社会学的观点。这些定义有其道理，在各自的领域为信任找到了最好的解释。

我们不去讨论信任的精确定义，只是从教练的角度去探讨信任是怎么回事，信任与领导者到底是什么关系。教练技术的重点不是去定义信任，而是通过亲身的体验来体验信任。

很多人谈到信任的时候，一定会说"这个人值得信任"或者"这个人不值得信任"，有人还会愤愤不平地说"我信任他，却被他骗了！"，这些话说起来朗朗上口，听起来似乎也没有什么问题。因为信任才被骗，这符合我们习惯性的思维逻辑。

不知大家有没有发现，上述语言有一个共同的取向，着重点在"他"，也就是说，信任不信任，最主要的"他"，是"他"值得我信任，是"他"让我没有信任感，是"他"骗取了我的信任。不少人理解信任的时候，都是这样把核心放在被信任者身上，无论功过，皆是"他"的原因，"他"在信任中是如此的活跃。

信任真的就是由"他"来决定的吗？很多人都坐过飞机，而且最近几年发生了好几次飞机失事的事件，任何一架飞机都有掉下来的可能。那我们为什么还要坐飞机？是信任飞行员，还是信任飞机工程师？如果在此回答"是"，那就更难以理解了，有几位乘客知道飞行员和工程师是谁？他们有什么表现让你觉得他们是值得信任的？也许有人说是相信航空公司的品牌和飞机的质量，那么，已经失事的飞机有几架不属于知名品牌的公司？在绝大部分人对飞机技术一无所知的现实情况下，有什么理由相信飞机的质量是没有问题的？

看来，相信飞机不会出事与飞机没有关系，与驾驶员也没有关系，与航空公司品牌更没有关系，总之与"他"没有关系。那与什么有关？与"我"有关系，因为这是"我相信"的。相信什么？相信自己，相信心中那个会一路平安的判断和感觉，相信自己的信心。

教练技术认为：信任跟别人没有关系，信任与自己有关。当信任的对象在自己的视线之外，大部分人会同意这个说法。比如，飞机、工程师、飞行员，都是在我们的了解之外，信任他们其实是信任自己。但是，当信任对象在自己的了解范围之内，有人就不一定认可这个观点了，他们会坚持地认为是否信任取决于对方。

那我们浏览一下诸葛亮七擒孟获的故事。诸葛亮第一次擒拿孟获后，孟获说：“山僻路狭，误遭汝手，如何肯服？”并答应如果诸葛亮放了他，再次被擒便肯降服。很快，他再次被捉，可他认为："乃吾手下之人自相残害，以致如此，如何肯服！"还信誓旦旦地说，"若丞相这番再擒得我，那时倾心吐胆归降，并不敢改移也。"到第三次被擒，他又有了新的理由："此乃天败，非吾之不能也。如何肯服！"他还要同诸葛亮决战，"那时擒得，方才死心塌地而降。"话是这么说，第四次被擒，孟获并不死心："吾虽是化外之人，不似丞相专施诡计，吾如何肯服？"还拍胸脯保证，"丞相若再拿住吾，吾那时倾心降服，誓不反乱。"等到第五次被擒，孟获耍起了无赖："要杀便杀，只是不服！"他要重擎兵马，与诸葛亮共决胜负，若再次被擒，"吾当子子孙孙，倾心服事。"谁知第六战孟获又被擒拿，他再次不讲道理："此是我等自来送死，非汝之能也。吾心未服。"再次保证如果下次被捉，"吾方倾心归服，誓不反矣。"第七次被擒，孟获终于被诸葛亮感化："某子子孙孙皆感覆载生成之恩，安得不服"，并垂泪谢罪，"丞相天威，南人不复反矣！"

孟获数次言而无信，到后来竟然蛮不讲理，按照信任取决于对方的逻辑，按照我们今天的信任标准，孟获是大骗子，绝不可信。可是诸葛亮相信能够再次擒拿孟获，相信他最终会诚心归降，不怕多次放虎归山。诸葛亮还相信孟获是让南方安定的主要人物，当长史费祎建议安置官吏与孟获一起管理时，他没有采纳，认为外人只会给南方带来麻烦。于是，诸葛亮没有安置一人一兵，所夺之地，尽皆归还，还是让孟获行使权力，独掌南疆。

诸葛亮的信任与孟获的表现有什么关系？如果讲有关系，孟获的食言只能让他越加不信任，可他还是对孟获的归降深信不疑。每一次释放孟获，诸葛亮的信任与"我相信"有关，与孟获留给他的印象毫不相干。"我信任你"，是"我"信任"你"，主动权在"我"身上，"你"的表现动摇不了"我"的信任。

为什么人们习惯于将信任的决定权交给别人？为什么人们总是把受骗的原因推到被信任者的身上？当你随着以下的模式去体验的时候，就会对此有新的认识了：人们互相信任是因为创造，人们敢于信任是基于心中的无惧，信任的表现方式是放弃控制。

创造

当人们被信任并清晰他人对自己的期望时，就会尽力达成别人的期望，而且经常有超值回报的表现和成果。信任就像发动机，在被信任者心中熊熊燃烧，推动他主动投入。

没有一个变数，像信任一样，可以这么完美地影响人与人之间、群体与群体之间的力。在一个团队中，信任能够减少和避免因猜疑而带来的内耗，能够增强企业的凝聚力。信任也像润滑剂，使得团队之间的沟通更加顺畅，使得企业上下更加齐心。

很明显，没有信任，团队协作无从谈起，缺乏信任，团队成员之间只会相互戒备，不愿意接受团队成员的批评，也不敢暴露自己的不足。缺乏信任的团队，会出现两种情况：一种是格外的谨慎，任何人做事情都会先想到保护自己，不会轻易地做有风险的尝试，团队的创造力沉闷，企业的效率低下；另一种情况是成员对一切都充满怀疑，企业文化弥漫着无形的硝烟，久而久之会产生破坏的倾向。没有信任，团队成员会缩回到他们情感保护的"外壳"之中去，就好像一只乌龟，只要有一点点动静，只要感到有半分的威胁，就毫不犹豫地把头缩进肚子里。

对别人缺乏信任的领导者，一定是集企业的多种角色于一身，在现实生活中"苦命"而劳累。一方面，万分渴望有精兵强将追随左右，一同指点江山，共图企业大计；一方面，随时提防身边大将，唯恐被人陷害和欺骗，决策优柔寡断，做事畏首畏尾。这样的领导者不会轻易将核心资源移交到别人的手上，凡事亲力亲为，用人谨小慎微。在一个企业中，缺乏领导的信任，有才能的人无用武之地，领导者不累谁累？

信任可以创造出崭新的局面，可以开创新的合作渠道和新的生活模式，可以开创出更有效的方式，信任使得交易成本降低。以前大家一起在公司里上班，现在很多人流动办公，传统的管理被信任取代；以前人们进行交易，支付的是现金，现在人们可以通过信用卡、通过网络来实现交易，生活及工作的新模式建立在信任的基础之上。

信任的价值是创造，创造一种新的关系，创造一种新的模式，创造出远远大于个人能量的团队张力。

无惧

清楚信任的价值后，回到前面提的问题，为什么人们习惯于将信任的决定权交给别人？为什么有人总喜欢讲"他骗了我，我再不信任他了"这类归因于外的话？答案很简单，因为他们不敢相信别人。

为什么他们不敢相信别人？这个问题的根源是他们的心里存在着一种恐惧感。恐惧感表现在两个方面：一个是没有安全感，害怕被别人欺骗，害怕被人玩弄，害怕自己不能掌控局面，害怕事情的发展超出自己的熟悉范畴。另一个是产生遗弃感，对自己的能力不肯定，不敢将权力移交给能力强的下属，担心有朝一日被取代；对自己的定位不自信，不敢把至关重要的资源与他人分享，担心别人掌握了这些资源而变得强大，随后将自己抛弃。

对自身不自信，从而缺乏安全感，没有安全感，更加不相信自己。这个内在恶性循环的形成，与人们依靠别人来获得自我肯定有很大的关系。人的成长过程是这样的：生活在特定的环境中，环境将各种信息输入人的意识，形成固定的想法，人们用这种想法去定义生活和自己。问题是，任何信息都会有局限性，人们也经常会产生错觉，尤其在孩童时代。由有局限性的信息和错觉形成的想法，经常是片面的，甚至是错误的。被他人认可是人的心理需求，可是人们将这个需求当成了常规，把部分需求当成了自己的全部，完全依赖这种确定自己的套路，以至于把太多塑造自己的权力交给了别人。

没有安全感的人十分在乎别人对自己的看法和态度，在开放和保护两者之间，他会选择保护。拒绝信任别人就是一种自我保护，保护自己不受伤害，以此来获得内在的安全感。

不安全感是内在的感受，被遗弃感也是内心的活动。被社会抛弃的人，往往是自我抛弃的，因为一个自信能够与社会同步的人，会想方设法跟上社会的脚步。然而，很多人理解错了，以为是他人的成长抛弃了自己，所以就为自己建了一堵厚厚的保护墙，拒绝对别人的信任与欣赏，不让他人靠近自己的核心资源，不让他人走进自己的内心世界。殊不知，在这个开放的社会，没有人能够阻止得了他人成长的愿望和行动，不被抛弃的唯一办法，是让自己快步成长，千万别抛弃了自己。

不安全感和被遗弃感令人心生恐惧，一旦恐惧感超过了自信，人们就会在自己与别人之间设立一道防线，不信任便产生了。

所以，信任别人是相信自己的结果。诸葛亮信任孟获，本质上是他高度自信，他不怕被骗，他不会因为孟获骗他而受伤害，他没有恐惧感，相反，他志在必得，相信有能力再次擒拿孟获，相信最终会感动孟获。不信任他人的人，根本上是不相信自己，是被自己内心的恐惧感征服，是以一种消极而保守的方式来获得安全、克服恐惧。

"因为信任，所以被骗""你不值得信任"，这些都是对信任的表层理解，也是对信任的误解。由于有这些误解，我们建立了一系列错误信任的基础，并且开始不相信所有人，开始怀疑信任。怀疑过后就是对信任惶恐，极端的情况则是将信任一棍打死。

有一位企业老总感叹地抱怨，没有人值得信任，因为他的两位职业经理人卷款潜逃，让他心灰意冷，从此棒打信任，对人才的信任也一律封杀。结果大家想象得到，没有人愿意长期跟随他。这个真实的故事与一些女人的口头禅相似："天下男人没一个好东西！"女人曾经被男人骗了感情（至少她认为是欺骗），就说男人不值得信任，当她觉得又一次被骗后，内心受到极大的伤害，谈起男人就咬牙切齿，发此毒誓。

卷款潜逃与信任有直接的关系吗？恐怕不是这么简单，有句话叫："规则不好，好人变坏。"老板要反思的是他的管理制度和财务监控体系，而不是把罪状都贴在信任之上。女人感情被骗不关乎信任，是关乎她自己，更不能推出"天下男人没一个好东西"的莫大罪名。按道理，既然没有一个男人值得信任，那不信任男人不就行了？有趣的是，咒骂男人的女人，还是会再次温柔地扑入男人的怀抱。如此反复，发挥作用的不是信任，而是爱，信任无辜地为"爱"背上了黑锅。

这下你应该明白信任是"我"信任，主动权在"我"的道理了吧。无惧是信任的外在表现，只有你对自己有了足够的把握，只有你心中没有恐惧，你才会撤掉割断信任的防线，才会通过信任创造出新的可能。

放弃控制

信任不是一个概念，而是一种体验。概念可以百般解释、千变万化，体验却是直接发生、骗不了自己，当你在用人和做事情的时候，心里如果感觉到不舒服，体验告诉你产生了不信任；如果心情十分舒畅，没有压迫感，体验让你知道你在信任。

同负责任、付出一样，信任不等于一定要做什么。很多人不明白这一点，陷入了"你做了什么，我才信任你""我信任你，所以一定要如何"，以及"你不如何如何，就是不信任我"的模式，结果把自己弄得相当被动，苦不堪言。有些人利用这个模式，把信任当成武器来达到自己的目的。比如借钱，借钱的人经常理直气壮，借不到钱还会生气，理由是"你不借钱给我，你就是不信任我"。

在这里对借钱行为多费点笔墨，因为从中可以看到人们对信任更多的误解。很多人借钱给别人的前提是信任对方，相信对方能够按时归还。如果对方拖延还款，或者赖账不还，借钱的人就抱怨信错人了，从此再也不信任别人。

借钱是因为信任吗？要想得到真实的答案，我们从另外一个角度来看。没有信任可不可以借钱？将信任和借钱对等挂钩的人肯定说不可能，可是现实生活中这样的事情频频发生。现在时兴按揭购房，按揭买车，就是购买者向银行借钱，银行信任每一个人吗？银行对大部分按揭对象根本不了解，凭什么信任呢？银行对按揭者谈不上信任，也谈不上不信任，照常借钱给大量的按揭者。

不过，银行还是有信任在里面的，这种信任并不是"我信任你，我就借钱给你"的信任，而是银行相信自己，它手里有你的重要资料，如果你不还款，它相信自己有办法拿到你借的钱，从而减少损失或者确保没有损失。银行的借钱理由是我相信我的能力，所以我可以借钱给你。同样的道理，以前在社会上流行的高利贷，放贷人的信任与"你"是没有关系的，只与他的"我"有关。

在生活中，人们面临借钱行为进退两难，其主要原因有两点：一个原因是前面说的以他人的态度和看法来定义自己，害怕不借钱被嘲笑为小气，害怕被人瞧不起；另一个原因，是对信任的误解，认为我相信"你"，所以一定要借钱给你，否则就是表示我的不信任。

信任取决于自己，只有自己才能决定是否信任，决定因为什么理由而信任。看透了信任的本质后，人就可以自由选择了。自由选择后，人就从被动到主动，就会感到无比自由轻松。信任应该是一次快乐的旅行。

不信任的特点是控制。只有牢牢地控制，一切均在掌控之中，不信任者才会觉得更加安全，控制成为缺乏信心者的保险。因为控制，领导者对人的信任起点是零，然后根据对方做的合意的事情，逐渐增加信任度。控制导致管理成本增加，工作效率降低。

信任别人的领导者，从"我"开始，建立信任。他们对人的信任起点是100%，放弃控制，完全信任，相信对方有能力把事情办好，相信对方会全力以赴，相信无论出现什么局面，自己都有能力解决。信任是有风险的，风险多大自己决定，所以，有魄力的领导者在以100%的信任开局后，如果对方屡次表现不佳，他就会将百分比降低以规避用人及经营的风险。

教练小智慧

关于信任

许多人对于信任这一主题常感到困惑不清,其实关键还是要能有效区分。

一个企业人跟教练分享说:我跟一个朋友合作,我让他签合同。他说,为什么要我签合同,你不信任我吗?我该怎么办?

教练说:这跟信任无关,只是利用了"信任"的概念来逃避面对一些事情。

利用"信任"一词来达到别的目的。这不是真正的信任。

小黄说:昨天房屋管理员跟我收一些服务费。他收钱时,我就有疑问,为什么要收这笔钱,好像以前没有的。但是我没问他。

教练:那你为什么不问他?

小黄:我怕他觉得我不信任他。

教练:你不问他代表你信任他吗?你是否相信他有能力解答你的疑问?另外,是你怕管理员觉得你不信任他,还是怕别人对你有看法?

还有一位厂长说:以前什么都是我自己做的。现在因为要信任下属的能力,我就授权让他们自己做,结果没做好。

教练问:中途你有没有跟进检视?

厂长说:没有。我完全放手给他们做。

教练区分:这叫信任还是放任?长期以来你一直不让他们做,现在又突然走到另一个极端,他们是否有足够的支持做好?授权是必要的，但是否等于授权完了就什么也不用做了？你是否觉得还是要持续地支持他们做到？

信任能有效降低沟通与合作的成本。

但要区分清楚，哪些是真正的信任，哪些是在信任的名义下做不信任的事。

信任只是一个开始，后面的事情还得按不同范畴内的规律来操作。

第七节　共赢

两人对弈，可能出现三种状况：我赢你输，我输你赢，或者是和棋。无论棋手水平多高，无论棋局怎么变化，发挥的空间终究是在棋盘上，逃脱不了这三种结果。人类生存的环境比棋盘复杂，两人在市场中交手，会受到其他因素的影响，甚至双方同时被其他因素改写结局。因此，除了会产生上面三种结果外，还将有我输你输，我赢你也赢。我赢，你也赢，是双赢；我赢，你赢，他也赢，是共赢。

在两个人的现实对弈中，领导者如果不懂得双赢的好处，没有双赢的心态，肯定会用尽办法把对手置于输的境地。扫描一下市场中经常爆发的价格战，就是一种我赢你输的策略。A公司宣布："我们的价格总会比别人低10%。"B公司也针对A公司的价格宣布："我们的卖价不会高于别人。"两家公司把低价作为主要而且唯一的战略，采取对抗的策略来相互反应。本来对抗的初衷是"我赢你输"，结果是以相互毁灭、价格为零而告终。因为只有价格为零时双方的战略才是价格相当。零的90%还是零。

很多企业开始觉醒到这是双输的游戏，于是变得聪明起来，双方在竞争中联手，制定价格公约，规定不能低于某个价格线。然后大家在服务及产品差异化等方面展开竞争。如果市场上的竞争者只有这两家公司，它们甚至可能会同时抬高价格以追求利润最大化，从竞争走向合作，两家公司变双输为双赢。不过，在市场经济环境中，竞争者不可能只有这两家，双赢必定走向多方面的共赢，近几年，行业联盟、行业保护协会相继出现，就是为了追求社会和企业共赢的结果。

无论输赢，还是共赢，都是一种博弈。博弈论主要是由出生于匈牙利的数学家冯·诺伊曼创立的，后来由美国著名的数学天才约翰·纳什进一步发展。博弈论又称为对策论，是定量分析事物之间的矛盾冲突的基本工具之一。著名的囚徒困境就是博弈论的经典案例，了解这个案例将有助于我们更好地理解共赢。

两个囚徒一起作案，被警察发现抓了起来。分别关在两个独立的不能互通信息的牢房里进行审讯，由地方检察官分别和每个人单独谈话。检察官说："由于你们的偷盗罪已有确凿的证据，所以可以判你们一年刑期。但是，我可以和你做个交易。如果你单独坦白杀人的罪行，我只判你 3 个月的监禁，但你的同伙要被判 10 年刑。如果你拒不坦白，而被同伙检举，那么你就将被判 10 年刑，他只判 3 个月的监禁。但是，如果你们两人都坦白交代，那么，你们都要被判 5 年刑。"

进退两难的两个囚徒，要想共赢，就要不把对方置于输的位置，互相都不承认。否则就是我输你赢，或者是我赢你输。最可怕的是，大家如果单独从自己的利益出发，检举对方，没想到对方也只考虑自己，都主动交代了，结果却成了双输，谁也没有占到便宜。两人都选择坦白的策略及因此被判 5 年的结局被称为"纳什均衡"也叫非合作均衡。

通常博弈被分为三种类型。第一种，两败俱伤的"负和博弈"。参与博弈的双方处于冲突和矛盾中，大家互不让步，事情无法开展，双方都从中受损，两败俱伤，大家所得之和是负数。第二种，吃掉一方的"零和博弈"。一方得到的利益恰好是另一方所减少的利益，双方利益的总和为零。两人合伙投资，其中一人把资金骗走，就属于这种情况。第三种，互利互惠的"正和博弈"，一方所得并不是另一方的所失，双方都有增加，或者至少有一方是肯定增加的。整体的利益总和是正数，任何一方都没有损失。

"我做不成,你也做不成"的心态，是一种双输游戏，得到的是"负和博弈"，大家都没有好处，并且要承担损失。"我赢你输"的想法，玩的是输赢游戏，伸手抢了别人的口袋，往往是损人利己，得到的则是"零和博弈"。共赢就是"我赢你也赢",它以合作代替冲突,不会牺牲任何一方的利益,产生的是"正和博弈"的效应。

采取赢输心态的人,只是选择对自己最有利的策略,而不考虑社会或任何其他对手的利益,没有人会主动改变自己的策略以便使自己获得更大的利益。然而,各人追求利己行为而导致的最终结局是一个"纳什均衡",也就是对所有人都不利。原本打算利己,结果却是损人不利己,得到的是双输。

从"纳什均衡"中我们还可以悟出一条道理:合作是有利的"利己策略"。但它必须符合以下黄金定律:按照你愿意别人对你的方式来对别人,但只有他们也按同样方式行事才行。也就是孔子说的"己所不欲勿施于人",但前提是人所不欲勿施于我。这就是共赢,只有大家都推己及人,考虑到对方的利益,按利他的共同规则出牌,才是达成目标的最有效方法,才是真正的共赢。

今天的企业绝对不可能在市场中一枝独秀,众多竞争者同台共舞,企业与供应商、销售商、广告服务商也站在了同一条阵线上,尤其是互联网等先进科技带来了经济全球化,企业的联系范围打破了地域和国度的界限,合作已经必不可少。市场经济让人自由流动,领导者与下属的关系已过渡为一种共生共存的关系。企业内外环境的转变,要求领导者必须心态共赢、策略共赢。就像大海汇聚了无数的小溪,最后不会干涸,共赢是将各种力量结合起来,将阻力也融会为合力,大家从中受益。

共赢是一种心态,共赢是一种取向。要想上述的黄金定律发生作用，必然有一方先主动伸出共赢的橄榄枝，大家才有可能走向执手合作。所以说，心中有气度的领导者，才会有共赢心态；以尊重为出发点的领导者，才可能实现共赢；对外在环境和他人的体谅，则是共赢的表现方式。

气度

在一个企业中，负责接待的前台文员和负责全面的总经理哪一个对企业的影响更大？你也许会肯定地说当然是总经理，因为总经理的权力大。如果你这样想，那就忽略了前台文员的重要性了，前台接待每一位客户，转接每一个电话，是客户与公司的第一个接触点，当前台用生硬的口气将客户拒之门外时，公司利益将大大受损。

举这个例子不是在比较总经理和文员谁更重要，而是想提醒领导者千万不要忽略微小的力量，不要只见树木，不见森林。混沌理论告诉我们，每一个人都对整体有着不易觉察但又无法估量的影响。文员虽然位置低微，但是她每天在企业的运作中，处于重要的环节，她是企业系统不可分割的关键点。

你所经营的企业，如果近距离看，那只是你的企业，如果把焦距拉长，你的企业是整个市场生物链上的一个节点。别以为你只是在经营一家自己的企业，你对世界经济有着不可忽略的影响，只要你从自己的节点顺藤摸瓜，就会发现这个事实。中国古代讲"天人合一"，就是把整个宇宙看成一个大系统。

社会系统是由很多循环组成的。有人昧着良心处理废弃垃圾，不经过任何消毒，把垃圾加工成塑料原料，大批量地销售给生产厂家以获取利益。有一天，他重病住院，医生检测发现，病源是他在市场上购买的塑料餐具！这种自我加害的循环在我们的生活中运行，解决的办法是不被一己之利蒙蔽眼睛，站高一线，与社会和其他人共赢。

两人下棋是双边思维，经营企业是多边思维，领导者"站高一线"，就是一种气度，把考虑的范围突破到"我"之外，从"我赢"到共赢。《孟子·尽心上》说："孔子登东山而小鲁，登泰山而小天下。"所登愈高，则所见愈广，所视之对象亦愈见其小。孟子的意思是眼界高的人志大，眼界小的人则心小，用今天比较流行的说法，是"心有多大，舞台就有多大"。

明代陈眉公说："如何是独乐乐？曰：无事此静坐，一日是两日。如何是与人乐乐？曰：与君一席话，胜读十年书。如何是众乐乐？曰：此中空洞原无物，何止容卿数百人。"众乐乐是一种胸襟，一种气度。

共赢就是因为"众乐乐"的气度，因为"天人合一"的大胸怀。领导者的气度决定着他的共赢范围，也决定着他的成就大小。共赢的领导者知道让步，知道以退为进，把蛋糕做大了，让别人和社会都赢，他也就获得了更大的利益。

反之，不能共赢的领导者肯定缺乏气度，整天盘算的是自己的好处，这样的人，成不了大事，对社会的影响力和贡献也不可能增大。

尊重

一个男人说，有两个女人都想嫁给我，我把她们都娶回家，满足了她们两个人的愿望，大家都很开心，这是共赢。他忽略了一点，共赢是多方面的赢，是不以牺牲环境为代价的赢。他是开心了，赢了，但是，这绝不是共赢，还是我赢你输的游戏，输的是社会，因为其他人统一遵守的社会规则被他破坏了。

共赢的内在是尊重，尊重与你有关联的多边关系，尊重自己。尊重重要的是不以自己的意志为交换准则，不以自己的意志代替他人的意志，各方是一种平等的关系。

如果大家对尊重的理解不一致，很有可能无意中踩线而产生不尊重，因此，把你对尊重的理解和标准沟通出来，本身就是对双方的尊重。尊重不是放弃，如果把所有决定权交给别人，是对自己的不尊重，在这个基础上不可能实现共赢，尊重他人，就不会强迫他人，尊重自己，就不会把自己变成依附。

《孟子·离娄下》提到："君之视臣如手足，则臣视君如腹心。君之视臣为犬马，则臣视君如国人。君之视臣如土芥，则臣视君如寇仇。"领导者只有先尊重别人，方能得到别人的尊重。

很重要但是容易被忽略的是尊重相互之间的关系，也就是在共赢过程中的合作形式、合作内容。有人说：我尊重你，你也尊重我，但是我们不可能共赢。什么原因？没有尊重双方的联系纽带。共赢必定有某种形式把参与方连接在一起，双方的关系经过沟通确定后就要赋予足够的尊重。只有这样，才不会抱怨你拿的利益多，而我得到的利益少，共赢的局面才能够长期存在。

彼此尊重使得共赢成为开心的游戏。有了做大蛋糕的共赢心态，职位没有高低贵贱之分，只是为了实现目标的不同分工，大家各在其位，各谋其政，其乐融融，其获颇丰。

体谅

体谅就是承认人的差别，站在别人的角度考虑问题，多为他人着想。孔子说："君子和而不同，小人同而不和。"君子肯定差异而得其和谐，小人否定差异而失其和谐。共赢的最终目标就是在和谐中各有所获。

有着高体谅取向的人，会以确定和维持良好的人际关系作为行为的偏向。通常能在领导和群体之间建立良好的关系，双方都会感到温暖和信任，沟通顺利，共识也容易达成。

在管理上，有"人群取向"和"任务取向"两个风格。"人群取向"就是体谅，此风格的领导者善于提供令人愉快和满意的工作环境，"任务取向"的领导者以绩效为导向，创造高效率的工作风气。共赢正好为这两种不同的管理风格创造了汇合点。共赢的心态必然有体谅的表现，共赢的心态是为了"做大蛋糕"的共同追求。领导者只要心存共赢，两种风格就会自然结合，产生强大的团队效应。

教练小智慧

赢得什么

有一位客户很好胜,在跟人的相处当中什么都要压过别人,要赢。在跟别人的合作当中也一定要自己赢得最大利益。她身边的人感到很难跟她相处,都逐渐疏远她。

她自己也感觉到了这一情况,觉得很困惑,就来找教练。

教练听了她的讲述,问了几个澄清性的问题:你认为你赢了什么,输了什么?听起来你注重利益和面子,但是跟别人的关系和别人对你的尊重呢?你注意到你输掉的习惯是什么吗?

天下没有白吃的午餐,你迟早要为你所做的一切埋单。

有的人好像什么都赢了,但是他活得越来越不开心,越来越孤独。因为从整体上来说,他输了,输得很惨。到底输了什么,他自己心知肚明。

打一个不算十分贴切的比方。有一个小孩子,第一次偷东西的时候,他会有两种可能:一种可能是得手,还有一种可能是失手。

当他得手的时候,他会以为这条路行得通,在这条路上越走越远,越陷越深。别抱什么侥幸心理:我干完这一次就收手。他所尝到甜头会诱惑他继续干下去的,而且每一次他都会对自己说"这是最后一次"。习惯的力量会越来越大。正所谓:不做习惯的主人,就做习惯的奴隶。

所以,这个小孩得手的后果是,总有一天付更大的代价;反而当他失手的时候,他可能学到一个教训,从此走上另一条路。

一时的赢换来长远的输,一时的输换来长远的赢。

你可以用不见光的手段经营,同时冒着被查处的风险,还要处理众多的后遗症;你也可以发展健康阳光的管理经营能力,尽管牺牲短暂利益。

同样要付出时间、精力、资源,同样有机会取得成果,就看你选择什么样的人生。

第八节 感召

从字面上理解,感召就是感化并召唤。人本教练模式对感召的定义是:激发他人的理想,从而自愿采取行动。感召的原因是理想,感召的出发点是不断印证,感召的主要表现是启发。

感召是引发群体活动的重要力量。从古至今,每一位扬名历史的重要人物,都是优秀的感召者,中国古代的圣贤更是尽其一生,用心感召。在教练看来,贯穿于四书的主旋律就是感召。比如,孔子在《论语·为政》中说:"为政以德,譬似北辰,居其所,而众星拱之。"政治，借助人心，犹如北斗之星，他的地位通过其他星辰烘托维系。这不就是讲领导者通过感召而让众人追随吗？

人生是一场感召游戏。只要你不是一个人与世隔绝地独居，你要么感召别人，要么被别人感召。我们为什么要考大学？是因为被社会、父母和老师感召；我们为什么要追求成功？是因为不断被成功者感召；我们为什么要克服坏习惯？那是因为被好习惯感召。

领导者之所以被称为领导者，是有一个群体跟随着他。领导的核心是什么？是发挥权力？是使用金钱？还是吹蒙哄骗？也许有的领导者会将这些方法视为法宝，但这些手段仅仅是控制、交换和欺骗而已，谈不上是真正的领导，使用这些方法的领导者最多是一个管理者。真正的领导是感召，领导是通过感召而实现的。

感召是一种心态，是心灵的碰撞和认同。美国通用电气公司的原总裁杰克·韦尔奇深入世界各地无数企业高层管理者的心中，很多人尽管没有也不会有机会见到他，却对他的领导方法推崇备至、耳熟能详。为什么会这样？感召！杰克·韦尔奇用自己的实例激发起了企业经营者们实行变革、做人做强的理想。

感召是影响和改变他人心态和行为的能力，感召是激发他人自愿行动的能力。感召不同于命令，命令是一种权力的表现，感召的表现则是一种启发和邀请。

领导科学认为，领导者的影响力分为权力性影响力和非权力性影响力两个方面，权力性影响力又叫强制性影响力，通过强制性的手段达到，比如命令。命令的出台是没有商量余地的，不管愿不愿意，都要执行，其结果可能造成事情办了，但心里不舒服，表面服气，可内心愤愤不平。非权力性影响力又叫自然影响力，指的是领导者自身的因素而自然形成的一种作用力。

在教练领域，将非权力影响力叫作感召影响力更为贴切。感召影响力是领导者感召他人的能力。感召不是依靠权力，而是通过理想的感召，让对方看到新的可能性，从而在心态上改变。

领导者感召对方改变心态只是第一步，仅仅是激发起了他的理想。如果在这里停滞不前，感召就没有完成，毕竟知道不等于做到，想做并不等于已经做了，还要感召对方采取行动。采取的方法不是命令，不是强迫，而是诚心邀请，邀请他共同参与游戏，邀请他一起来玩一个有意义而且更大的游戏。

感召不同于说服。说服是通过给予接受者一定的诉求，引导其态度和行为趋向于说服者预定的方向。说服主要是"说"，也就是依靠外在的诉求，没有诉求就不能称之为说服，说服在于引导。感召是一种内在和外在结合的影响力，经常是不用说什么，也是在进行感召，感召在于感化。比如有个感人的电视广告，小孩看见妈妈打水给奶奶洗脚，他自己跑去打了一盆热水，端到妈妈面前说：妈妈，我给你洗脚。不需要任何"说"，不用任何说服，也没有刻意地进行引导，妈妈在无意间用自己的行动做了一次感召。

感召是团队实现共赢的牵引力，感召是团队向一个方向前进的聚光灯，领导者就是那个发动马达、执掌灯光的领头人。汽车失去了发动机，整个系统没有了动力，汽车就会成为一堆废铁；领导者失去了感召力，团队萎靡不振，就会逐渐走向瘫痪和解散。

理想

为什么说感召是因为人们的理想？这个问题的答案来自另外一个问题：为什么人们会改变？人们改变是因为他想改变，如果他没有改变的愿望，任何人也不可能让他改变。只有心态变化了，一切变化才顺利发生。

而心态上的变化是缘自一种追求，或者一种理想。历史上有名的"望梅止渴"典故，浓缩的是一个心态变化的故事。《世说新语·假谲》记载："魏武(曹操)行役，失汲道，三军皆渴。乃令曰：'前有大梅林，饶子，甘酸可以解渴。'士卒闻之，口皆出水，乘此得及前源。"曹操在行军途中看到士兵干渴难忍，为了鼓舞军心，他说前方有大梅林，丰盛的果子酸甜可口，可以用来解渴。士兵们听了，士气大振，就这样，曹操终于率领军队走到了有水的地方。尽管后来有人用"望梅止渴渴不止，画饼充饥仍然饥"来取笑这件事，但是，不可否认曹操的做法是有效而成功的，他让士兵们有了追求，在心态上变得积极，行动也有力而快捷多了。

"望梅止渴"至少说明一个道理，要想让别人自愿改变行为，一定要先打动他人，激发起他人内心改变的渴望，激发起他人对改变结果的无限向往和追求。感召是理想的感召，感召的理想是深深地打动人心的理想。

理想是对未来事物的想象或希望（多指有根据的、合理的，跟空想、幻想不同），这是商务印书馆出版的《现代汉语词典》对"理想"做的解释。打动人心的理想是什么理想？肯定不是一种狭隘的理想，不是感召者个人对利益的追求，而是超越自己的更大范围的期望，是他人所向往的理想。

感召的形式有两种：一种是激发起他人的理想，从而自愿追求这个理想，感召者未必参与其中。就像父母亲激发起子女考大学的理想，父母只是激发起子女考上大学，能够学到更多的知识，做一个对社会有价值的人，或者是期望子女能有更好的生活，考大学则是由子女自己去完成。另一种是感召者有远大的理想，感召更多有此理想的人为之奋斗，感召者本人是最积极的实践者。

教练的过程是前一种形式的感召过程。教练感召被教练者看到他究竟是什么样的一个人，看到他的真我价值，找到他真正的理想，确定他自己生活中和工作的目标，然后采取行动，有效地达到目标。

领导者的感召主要是后面一种感召，感召周围的人为了一个共同的理想而不懈地追求。毛泽东、孙中山如果不是怀有自由和民主的理想，而且一直冒险坚持，那么他们也不可能感召到各方人才参与革命，不会创造出举世瞩目的丰功伟绩而被载入史册。

领导者相信他的理想可以为社会带来福利，相信他能够为其他的生命带来正面而积极的影响，相信他有责任和能力去感召到别人。领导者因为远大的理想而伟大，世界因为理想的感召而改变。

感召的起点是坚信你的理想，没有一个自我怀疑的人可以感召到别人。然后感召他人相信这个理想,看到这个理想所带来的希望。再进一步感召他人拥有同样的理想,随后邀请他人共同参与游戏。当你感召到对方后,对方会很快去感召身边的人,团队的凝聚力越来越强,实现理想的可能性越来越大。

这个过程也是九点领导力模型的渐进过程,当一个人相信他的理想后,就会有激情,然后承诺于自己的理想,采取负责任的态度,欣赏身边的一切,不断付出,信任周围的人,有共赢的心态,从而更有激情,感召更多的人参与游戏,创造出新的可能性。

你有没有碰到过志同道合的人?那种感觉是什么?初次见面,却一见如故;彻夜畅谈,却不知疲倦;心有灵犀,不点自通;相见相随,心情快乐。感召带给人的就是这种感觉,从心底里觉得这就是我要的,这就是我所追求的,这个人就是我等待着一起去开拓事情的最佳拍档。

印证

人们愿意去做某些事情,愿意改变行动,是因为看到那样做的好处已经发生在别人的身上,他们渴望拥有。有榜样在面前,人们就容易被感召。孔子说:"其身正,不令而行。其身不正,虽令不从。"领导者自己品行端正,不用发布命令,百姓也会执行;他自己行为不端正,即使下命令,百姓也不会顺从。榜样的力量是无穷的,领导者知行合一,方能成为别人的榜样。

老板对下属说:"我们要把企业办成一家在社会上有地位、受人尊重的企业,让每一位员工因为是这家企业的成员而受人尊敬,让员工的职业成为他人羡慕的工作。"这是一个很理想的目标。但是如果这个老板故步自封，不在社会上树立他的地位，也不树立企业的地位，很多人对企业闻所未闻，员工就会产生怀疑，时间长了就对他的感召无动于衷。

感召能否持久，很重要的是印证，也就是证明与事实相符合。"望梅止渴"本来是很好的典故，在当时的环境下，曹操的独特方式和个人的高明无可厚非。但是为什么这个成语后来被人们比喻为"用空想来安慰自己"？主要的原因是"望梅止渴"是一个虚幻的理想，曹操没有印证它，人们只会相信他一次。如果他下次对同样的人再用"望梅止渴"，肯定会失去效果。

我们经常讲个人魅力，会为某个人的个人魅力所吸引和折服。有个有魅力的人，肯定周围有一群忠实的拥护者，他说的话成为拥护者的行动指南，他的言行举止会被拥护者模仿。人格魅力的内涵很丰富，它让别人感受到了他所欣赏和追求的东西，让对方看到了他向往的境界的一个希望。人格魅力是一种很好的感召方法。

有感召力的人，在别人眼里是重要的人。当你感召不到他人，也就是没有人愿意追随你一起创业，或者在生活中没有人愿意受你的影响，那你就要先检讨一下，是不是自己的理想过于狭隘，是不是自己根本就没有清晰的理想。其次，你也要看看自己有没有去印证理想，有没有那种内外一致的个人魅力。

启发

无论是激发他人的理想，还是激发共同的理想，最基本的要素是别人自愿，愿意将理想印在心中，愿意为理想付出行动，对此最有效的方法是启发。感召是一种心态和内存的能力，但它外在的表现则是通过启发得以展现。

《现代汉语词典》对"启发"的解释是：开导其心，使之领悟。启发的形式是开导，是开放式的沟通，启发的目的是领悟，帮助对方明白事理。作为感召的表现形式，启发的功能是让对方产生联想，从而帮助对方寻找并确定理想，改变心态以追随理想。

"启发"一词出自《论语·述而》"不愤不启，不悱不发"。宋代朱熹解释为："愤者，心求通而未得之意；悱者，口欲言而未能之貌；启，谓开其意；发，谓达其辞。"按朱熹的解释，"愤"就是人们对某一问题正在积极思考，急于解决而又尚未搞通时的矛盾心理状态。"悱"是人们对某一问题已经有一段时间的思考，但尚未考虑成熟，处于想说又难以表达的另一种矛盾心理状态。启发帮助人们解开心中的矛盾，让人豁然开朗。

因愤而启，因悱而发，古人运用启发来开其意，达其辞，也就是说开启思路，准确表达。感召者不仅要帮助对方开其意，达其辞，还要践其行。换句话说，通过启发帮助对方找到并说出理想，还邀请对方采取行动，参与游戏。

启发显示出双方平等的关系，也把对方放在了最重要的位置，这符合感召的本义：激发他人的理想。一个被自己理想驱动的人，他内在的动力是最强大的，面对诚挚的邀请，谁会阻止内心的呼唤呢？

说服、推销与感召

我愿意听你的,你才会听我的。——美国畅销书作家斯宾塞·约翰逊

有人问教练:要做一个教练是否需要很强的说服力。

教练说:不是。教练用的是感召而不是说服。说服的意思是用你的语言来让别人服你,是不平等的关系。而教练跟被教练者之间是平等的关系,不关心对方服不服自己。教练所做的只是通过教练对话让对方清晰自己的目标,看到更多的可能性,然后让他自己选择。

因为教练的基本信念是:每个人都会为自己做最好的选择。教练要做的是帮对方看清自己的选择。

这是说服与感召的区别。

另一个区别是关于推销与感召的。

有一个营销人员跟教练说他无法令客户购买他的产品,而自己的产品确实很好。

教练听了之后,回应他说:因为你是在推销而不是感召。

这两者有什么不同呢?

推销的重点是关于你所卖的产品的,而感召是关于对方的需要、对方的理想的。你的产品再好可是我不需要的话又有什么用?跟我有什么关系?

感召的做法是挖掘出对方的理想,而自己的产品是帮对方实现理想的有效工具。你要做的是找出你的产品和他的需要之间的联系。

有个故事说：一位销售大师到一家企业演讲完后对老板说，我知道你这里最优秀的三个销售人员是谁。他说出了这三个人的名字。老板大吃一惊，问大师你怎么会知道的，你是第一次来啊。大师说：我只是观察到他们是我演讲中最懂得听的三个人而已。

有了前面关于说服、推销和感召的区分，我们也可以明白这个故事背后的原理。

有的人在沟通和销售过程中喜欢不停地说，说话的时间比对方更长，但效果不好。他所做的只是在王婆卖瓜、自卖自夸，却不了解别人的需求，和别人在两个不同的频道上沟通。

而有的人说得不多，但能抓住很好的切入点，取得好的成果。他在过程中能听到对方的需要，频率一致保证沟通有效。

因为，能真正感召到对方的，只能是他自己的需要。

第九节　可能性

世界上有哪些事情是不可能的？一定是那些自己觉得不可想象，

或者是自己根本没有能力去达到的事。世界上有哪些事情是可能的？要么是已经牢牢地握在手中的事情，要么是曾经实现了的事情，要么是衡量后觉得有把握的事情，毫无疑问，绝大部分人的回答脱不开这个范围。

是什么在划分人们的判断，让人们在可能与不可能之间做出选择？在回答这个问题之前，让我们先来看看"杯弓蛇影"的故事。

乐广请朋友喝酒，墙壁上挂的弯弓倒映到酒杯中，就像一条蛇，朋友以为喝了一条小蛇而病倒。乐广知道后，再次请他来，告诉他是弯弓的倒影，让他看个明白，客人知道真相后，心里的不舒服释然了，疾病也不治而愈了。

当我们把客人去喝酒看成一个起点，那么将产生两种可能性。客人"看见"自己喝了蛇，心理反应导致生病；客人"看见"自己喝的是弓影，而不是蛇，心理不会受刺激，身体就不会生病，或者是心理反应使得疾病痊愈。所有的可能性是因为客人的"看见"，是"看见"后带来的看法，与蛇没有关系。

同样，划分你的判断的，是你心中的信念，信念从哪里来？从你以前的"看见"而来。"看见"就是你曾经的所见和所闻，是你过去的经历和经验。你过去的经验所形成的信念，让你决定可能还是不可能。

"杯弓蛇影"给人们几个启示：

第一，人们以为自己看见了真相，但偏偏就不是真相，但人们很有把握地相信自己的所见，很虔诚地把假象当成了真相，结果就向假象导向的方向发展。

第二，冻结人的是人的看法和心态，人们很相信过去的经验，往往被过去固定了信念和心态，看不到现在，更看不到未来。

第三，事情有多种可能性，只有愿意放下你固有的信念，从另外一个角度去看问题，才会产生新的可能性。

可能性就犹如水的形状。《孙子兵法》说："兵无常势，水无常形。"水放在杯子里，就是杯子的形状，放在河流里，就是河流的形状，融入大海中，就是大海的形状。水没有固定的形状，任何形状都可以是它的形状。水的形状有无数种可能。

很多事物就像水一样，本身是不固定的。可是我们却通过信念把它给固定下来了，认为只有这一种可能。有很多人，当他被骂的时候，情绪反应就是马上生气，然后回骂对方。在这些人的信念中，觉得被骂是不可忍受的，被骂就一定要回骂，你踢我一脚，我就要回你一拳。以前的经验积累告诉他们，被骂就是受人欺负，人不能受欺负，受欺负就要反击，绝对不能吃亏。当他们心里有这些信念，当他们有以牙还牙的心态，对骂就不可避免，甚至会升级为武力斗争。两人就此结为冤家。

那么，有没有另外一种可能？肯定有，对有些人来说，骂是无所谓的。你骂你的，我忙我的，一点不受影响，还笑微微地欣赏对方暴跳如雷的样子。对方对这个反应哭笑不得，怒气很快自然消退，双方依然是朋友。同样是被骂，在不同人的身上有不同的可能性，可是大部分人将它固定为一种：你骂我，所以我必须更加有力地骂你。

人的局限性就是往往只看到一种可能，而且认为这是唯一的可能。很多人的信念中经常出现的是不可能，结果不可能就成为他的可能性和结果。面对一件从未涉足的事情，不少人的反应是"我不懂，做不来"，他已经往心中把可能性固定在"做不来"上了，行动上不会去做，结果肯定做不到。如果像这样在"以前没做过"与"做不到"之间搭起因果的桥梁，人的一生便不能做成任何事情，因为出生的时候什么都没有经历过，什么都不懂！

人们习惯性地将这种因果关系套在自己身上，以此来确定自己的行动和人生。比如：你讨厌我，所以我讨厌你；我出生在一个没有背景的家庭，所以不会有太大的成就；我很矮，所以不会得到人们的尊重……这些听起来顺耳的推理关系，让人们产生了宿命论：不是我不想努力，是因为先天的条件，决定了我这一生就只能这样了。

宿命论的特点是因果关系，因为A，所以一定B。A是客观存在的：你是很讨厌我，我的确出生在没有背景的家庭，我真的很矮。B也是存在的，它的存在就是宿命论者的生活状态，也就是我讨厌你、我没有太大成就、人们不尊重我的事实。但是A和B之间的因果关系，却是人们自己加上去的，认为是因果关系导致了B这一种结果。宿命论者以外在的原因或者别人的说法作条件来推论和演绎。

人们将物理世界的因果法则投放到精神世界，制造了很多宿命法则来框定自己和别人的人生。有了宿命论后，人们总会寻找各种证据来证明他的宿命论是对的，证明今天的结果是无可奈何的。

接着上面的例子，可能性就是：我可以讨厌你，也可以不讨厌你,还可以爱你,这是我的选择,与你讨不讨厌我没有关系;我可能有很大的成就,也可能平平淡淡,这是我努力的结果,与我的家庭背景没任何关联;我可能被人们瞧不起,也可能得到人们的尊重,这是我为人的结果,与我的身材没有直接联系。

可能性首先产生在信念和心态上。只有突破信念上的屏障,超越心态上的框框,改变宿命的因果推理,新的可能性才能出现,至于你的生命会出现什么状态,那是你自己的选择。正如弗兰克所说的,任何人根本上都可以凭他个人的意志和精神来决定他要成为什么样子,你成为什么人,是你内心抉择的结果。

可能性是因为"空",产生可能性的出发点是谦虚,打开可能性的方式是探询。将可能性放在九点领导力的最后一个位置,有三个原因:

第一,人生是有多种可能性的,教练就是帮助被教练者看到新的可能性,从而做出选择,开创出自己想要的生活;

第二,前面讲的领导力,无论是激情、共赢和付出,还是其他领导力,其目的就是帮助领导者创造出新的可能性。

第三,人们受控于"过去","过去"就是九点游戏中九个点覆盖的范围,可能性在这个范围之外,可能性的产生是一种突破传统的思维。

空

"不可能"是因为"有",有固定的信念,有关于不可能的判断;"可能性"是因为"空",没有固定的模式,没有固有的框框。

"空"不是没有任何东西,"空"就是各种可能性,就像水的形状,你不认定它是杯子的形状,那它就是各种可能的形状。

《道德经》说:"道冲,而用之或不盈。"道体是虚空的,然而作用却不穷竭。这虚空却并不是一无所有,它包含着无尽的创造因子,因此它的作用是无穷无尽的。"持而盈之,不如其已。"执持盈满,不如适时停止。老子形象地告诉我们:如果汁水把器皿注得满满的,就会发生水满而溢的现象,也就意味着事物发展到了极限和顶峰,接下来便是衰败的到来。因此,与其将水注满器皿,不如让它保持空虚,这样才会"注焉而不满,酌焉而不竭"(《庄子·齐物论》),持有无限的用途。

从另外一个角度去看待人生和事物,会产生新的可能。《道德经》第二十二章说:"曲则全,枉则直,洼则盈,敝则新,少则得,多则惑。是以圣人抱一为天下式。不自见故明,不自是故彰,不自伐故有功,不自矜故长。夫唯不争,故天下莫能与之争。"意思是:委曲反能保全,屈就反能伸展,低洼反能充盈,敝旧反能生新,少取反而多得,贪多反而迷惑。所以有道的人坚守这一原则作为天下事理的范式。不自我表扬,反能显明;不自以为是,反能彰显;不自我夸耀,反能见功;不自我矜持,反能长久。正因为不跟人争,所以天下没有人和他争。

事物往往有各种表现形式,人们常常看到事物的一面,而忽略了其他方面,只看到事物的表面,而看不到事物的里层。盲人摸象的故事很形象地演示了我们以片面来代替整体的过程。几个盲人想通过自己的触摸来认识大象,由于大象的高大而盲人不能亲眼纵观全貌，致使几个盲人发生了争吵，都认为自己触摸到的局部就是大象的整体，大象的形象被扭曲了。人们要想打开新的可能性，就应该放下自己认为对的信念，听听别人说的，从别人的角度去触摸大象，就会有新的发现。

执着于自己的看法，会被看法迷惑。佛教强调面对各种外境，心能不被其干扰，有念头而又不执着于念头，就是无念。面对各种相状而不见，能无视一切外相的存在，则自性法体清清净净，是无相；对于世俗世界的善恶美丑，乃至冤家亲家，以及受到言语攻击、欺骗和争论之时，都能将这些看作不存在，不想报复，这就是无住。佛教的精髓是"先立无念为宗，无相为体，无住为本"。

空是一种心态。空不是说什么都不想了，什么都不想的空是消极的。《坛经》说："若只百物不思，念尽除却，一念绝即死。"假如只是百物不思，没有任何思维活动，一点心念都没有，那就是死了。"空"是佛教的境界，《般若波罗蜜多心经》有此名句："色不异空，空不异色，色即是空，空即是色。"《净名经》说："能善分别诸法相，于第一义而不动。"如要使自己能正确分辨各种物象，最重要是做到不动心念。

人的盈满是信念和心态上的盈满，昨天的"看见"形成了信念，过去的经历造就了经验。心中填满了过去，无法空出来，看不到新的可能。沉迷于过去，其危机在于忽视现在，更会对身边的各种机会迟钝，对未来失去信心。人一旦因为看不到未来而自甘沉沦，便容易有满腹的怀旧愁思。如此循环，人就不断用过去将自己的内心填得更满,可能性就越来越小。

教练说的空是放下过去,放下心中已有的信念、看法和判断,调整自己的心态,用归零的心态去看待自己和周围的事物。从而战胜经验,把生命扭转成一个内在的胜利。

庄子说:"物无非彼,物无非是。"世界上的事物没有不是"彼"的,也没有不是"此"的。彼此是相互依存的。"是以圣人不由而照之于天",圣人不走划分是非、区分彼此的道路,而只是观察比照事物的本源。"空"就是跳出概念之外,观照人与事物的本源。可能性就是建立在这种动态的"空"之上的。

谦虚

执着于过去和经验的人,自信于自己的执着。其不谦虚是因为信念上的盲点,认为自己洞察世事,认为一切按照自己认为的规律在运转。世上之事分为四类:一、我知道的;二、我不知道的;三、我知道我不知道的;四、我不知道我不知道的。其中后面三类都是未知的,连事情都不知道,怎么能够认为它是按照自己认为的规律运作的呢?

人们对"自己是对的"毫不谦虚。现实场景是这样的:人们明明知道自己错了,在第二秒就能找出很多理由,来支持自己的错误是完全对的。心态如此,如何放下?

谦虚是一种心灵环保,可以排除杂物,保持心中清净,空出更多空间去学习,拓展自己的信念和视野,把更多的盲点变成已知。

孔子说："好学近乎知",爱好学习,跟智慧接近。谦虚是承认自己的不足,是"远必自迩,登高自卑"(《中庸》)的循序渐进。

宿命者很不谦虚地把因果关系作为自己生活的法则,很自信地说命该如此。他们如果要想有更多的可能性,应该谦虚地把过去放下,以下残局的人生心态规划自己的未来。下残局的人是什么心态?在路边经常可以看见有人摆残棋待人对弈,所有来应战的人,一定会集中精力想对策,如果不能攻破残局,只会内省自己的方法和能力。没有一个人会责怪摆局之人:为什么你要摆成这样?是什么让你摆成这样?

下残局的心态是不去责怪让你成这个样子的外界因素,不去纠缠让你成这样的过去和原因,而是接受此刻的局面,把现在当成起点——我就是这样了,然后寻找"破局"的方法,设计未来的人生。新的可能性会因为你的焦点在未来而很快呈现。

探询

在信念上坚信不可能的人,会找出各种理由来为自己的坚定信念辩护。领导者对此一定深有体会,每当提出一个新的想法,总是有人忧心忡忡地问:这怎么可能,然后列举一系列的理由证明不可能是别无选择的可能。

如果武断地压制住反对的声音,领导者又失去了新的可能性,也许反对的背后隐藏着更切合实际的想法和策略。此时要运用探询的方法,收集各种资料,深入挖掘对方的看法,洞察看法背后的真正担忧。

提出主张，进行辩护，保护自己的主张，证实自己是对的，这是人不能空的惯常表现。当一个团队中每个人都使用这种方法，那么就会各说各有理，辩护变成激烈的争吵，人们朝自己认为对的方向用力，团队就像一张被扯开的网，随时都有破裂的危险。

探询是开放式的，不是去为自己的主张辩护，而是深入探索事情背后的真相，探索人们"不可能"信念所依赖的原始资料和推论路径。探询也是开放一个自由的空间，让人们的思维和语言驰骋，发现新的可能性，找到最有效的方法。

在后面将要讲到教练的四步技巧和四种能力，它们本身就是一种探询的方式，相互组合成了一个系统性的工具，帮助人们有策略性和有方向性地探询出更多的可能。

还有什么可能性？

"想象力远比知识来得重要。"——爱因斯坦

在"教练与管理"工作坊中，有一个管理者向教练讲述了他公司的一些情况，想得到教练。

他说：我手下有一个年轻人，很能干，我想培养他。但是他每天一下班就走了，去陪他的女朋友。因为他很紧张（广东话：在乎）他女朋友。

教练反问：有什么问题呢？既然下班了，为什么不可以走？

管理者：可是我想他把工作做好啊。

教练问他：你为什么不提醒他在上班时间内把工作做好？

管理者：我们有些工作是突发性的，需要下班后做。

教练又问：你为什么不提醒他早一点搞掂他女朋友呢？

不等那位管理者回答，全场响起热烈的掌声。（可能他们手下也有很多热恋中的员工。）

待掌声停下，那位管理者说：我没想到。

确实，很多时候我们都没有想到还有别的处理方式。试想，如果硬性让那位管理者的手下加班，效果肯定不好。因为这样"人在心不在"的员工太多了。

除非你真正解决问题，才能有效发挥这个人的积极性。

这只是一个简单的例子。

不过，借此我们可以看到，那些不同的选择、那些新的可能性早就环绕在我们身边。

第三章

四步教练技巧

「人本教练模式是一个完整的体系,将教练过程归纳成四步教练技巧:厘清目标、反映真相、心态迁善和行动计划,这四个步骤是一个有效的闭路循环。」

九点领导力这个"罗盘"适用于教练和被教练者，教练按照罗盘上的每一个"指针"，可以清晰教练的方向和对方需要教练的地方。被教练者拿着这个"罗盘"，也可以清楚地对照自己的状态。实际上，哪怕是教练本人，在教练别人的过程中，也要经常教练自己，只有自己的心态调整好了，才可能更好地调整别人的心态。

用三个形象的比喻来说明教练的作用：教练像指南针、镜子和催化剂。教练是一个有方向的过程，这个方向是被教练者的目标，就像指南针一样，方向是大自然决定的，而不是指南针决定的，指南针只不过是准确地把方向反映出来。教练过程中的目标一定是被教练者自己的目标，没有方向就不是教练。教练会如实地反映对方当下的状态和心态，就像一面镜子，你的形象如何，你的表情是什么样，镜子可以很真实地让你看到，但是，镜子并不能改变你的形象，也不能改变你的心态，除非你自己改变。教练会不断地挑战和激励对方，相信对方一定能够达成目标，就像一剂催化剂，帮助被教练者更快更有效地取得成果。

有了教练"罗盘"，知道了教练的作用，就具备了从技术性领导力到调适性领导力转变的基础。如果要成为一名真正的教练型领导，将调适性领导力贯穿到日常的工作中，就必须熟悉教练的步骤，必须在生活中应用和积累。

人本教练模式是一个完整的体系，将教练过程归纳成四步教练技巧：厘清目标、反映真相、心态迁善和行动计划，这四个步骤是一个有效的闭路循环(见下图)。

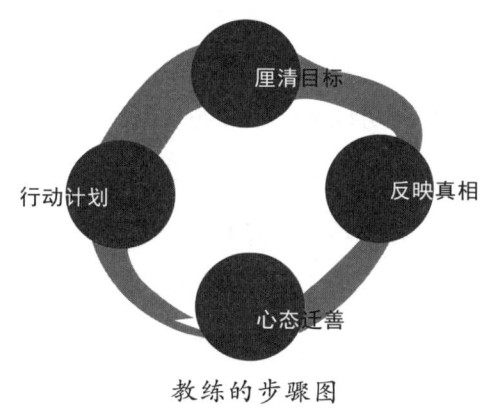

教练的步骤图

第一节　厘清目标

"南辕北辙"是中国知名的成语，出自《战国策·魏策四》，比喻行动的方向与目标相反，结果离目标越来越远。该成语的典故是这样的：有一个人在太行山一带驾着马车朝北方行驶，朋友问他去何处，他说要到楚国去。朋友很奇怪，问他："你到楚国去为什么向北行驶呢？"他回答："我的马好。"朋友又说："你的马虽好，可这并不是去楚国的路呀！"他说："我的旅费多。"朋友说："旅费虽多，但这不是去楚国的路啊！"他又回答道："我的车夫赶车的本领很强。"其实，这些条件越好，只会离楚国越远，因为他的方向不对。

后来，当人类发现地球是椭圆形的，有人对典故"南辕北辙"产生了这样的疑问："地球是球形的，麦哲伦可以实现环球航行，那个人不也可以通过环球旅行到达楚国吗？"也就是说，不用清晰方向也可以到达目标。有人为此在地球仪上做了个实验。那个人从出发点一直往北走，假设一路顺利，首先到达北极，停在北极点。此时，在方向上就出现了麻烦。因为"北"这个方向是相对于极点而言的。现在，那个人无论是越过北极点继续朝前走，还是转过来往回返，方向都会改为朝南。同样，到达南极点后也会遇到这样的问题，无论朝哪边走，方向都是朝北。因此，那个人如果要经过环球旅行到达楚国，行进方向也必定要改变。若坚持只是朝北走，到达北极点后就无法前进，更不用谈去楚国了。从这一点上看，"南辕北辙"中的那个人还是错了。

无论是古人的原意，还是今人的论证，都说明了一个道理：目标不清楚，方向不明确，做事只会事倍功半，甚至南辕北辙。管理大师彼得·德鲁克有句名言："做正确的事远比正确地做事重要。"也是提示了目标和方向的重要性。

目标是教练存在的基础。在体育训练场上，这很好理解，任何教练都希望他的运动员取得好成绩，只有帮助运动员实现目标的教练才是优秀的教练。

企业同体育场没有本质的区别。领导者确定目标后，不可能每一件事情、每一个环节都是自己去做，而是需要下属去执行和完成，如果下属不能完成目标，领导者的目标同样不能达成。领导者应该把下属的成功当成自己的成功，帮助下属达成目标。

人的目标不清晰，就会在十字路口犹豫不决，时间和精力就在等待和观望中消逝。有句话是这样说的：没有选择是最好的选择。这并不是说真的没有选择，而是讲人如果选择了一个既定的目标，一心一意走下去，不再为岔路口而选择，那这个人的状态是很投入和快乐的。可是，人们由于目标不清晰，往往存在很多的诱惑，结果不知道究竟走哪一条路，为选择所累。

并不是每个人都清楚自己的目标和方向。在企业教练看来，很多人并不知道自己需要什么，不知道内心真正的追求，经常在外界的驱动下渴求一些表面的东西，并把它当成自己的目标，如果得不到这些东西，就陷入抱怨和无助；如果通过努力得到了，内心依然不能满足，不知道自己的所需。

教练的第一步是厘清目标，这是教练的起点。厘清目标有两层意思：

第一，教练本身要清晰。教练的目标是帮助被教练者厘清目标和达成目标，是对方的目标而不是教练自己生活中的目标。这一点非常重要，如果教练不能在过程中坚持这一点，有可能将自己的目标加在别人身上。因为教练是帮助别人看到自己真正的追求，最终让对方自己做决定。记住，教练不是顾问。

第二，没有人比自己更清楚自己需要什么。很多人不知道需求是因为在纷繁复杂的世界中迷失了方向，或者是在现实面前失去了想象和追求的勇气，内在的需求被掩盖在心底。教练帮助对方把潜藏在内心深处的"我想要"的东西挖掘出来，激发对方将"我想要"的东西订立为人生的目标。

技术型领导者喜欢给方法，喜欢为别人做决定，员工的任务就是执行他的决定，教练型领导者不给员工做决定，而是相信他们的能力，由他们自己做决定。在订立目标上，这两者的方法截然不同，技术型领导者有了整个企业的大目标，然后进行分解并指令到各个部门，部门必须完成任务，否则要实行经济惩罚，目标是自上而下的，下属没有商量的余地。教练型领导者令大家看到整个市场的状况和前景，然后挑战所有人。今年企业的目标应该达到多少？尽管领导者心中有个目标线，但他不会说出来，而是挑战成员们自己订立目标。在大的目标确定后，领导者再挑战相关的负责人：你认为在大目标的框架中，自己可以达到多少？就这样，目标的确立是以领导者与成员参与讨论的方式订立出来的，每个人都是自愿而负责任的心态。

厘清目标在教练的四个步骤中还有另一个含义：对方这一刻（他找教练的时候）的目标是什么，教练会在每次开始教练前厘清此刻他来寻求教练的目标。厘清目标很关键的一点：只有目标是"我的目标"时，人们才会珍惜和为之努力；只有当自己做决定的时候，人们才会全力以赴。

教练小智慧

添·高威的工作诀窍

在一次上海教练论坛上,添·高威有一个现场的投接网球的练习。

一位参加者在练习结束后分享说:一开始他没能接住球是因为他的注意力是放在添·高威身上而不是网球上。后来他调整了注意力的方向,就做到了。

"教练帮助你集中对目标的注意力。但教练并不是你的目标。"添·高威说。

在商场上也一样,有时业务员的焦点跑到了自己的主管那里,而不是在关注客户。他忘了自己的目标(也是主管的目标)是业务成绩。就如那个练习者在台上做的。

其实教练或者主管根本不需要你把注意力放在他们身上。

他们只想要你达到目标。

添·高威写过一本书叫作《工作的内在诀窍》。其中的核心原理叫作注意力集中法(Focus Attention)。他解释道:当我们全身心投入时,我们的自我干预就自然消失了。在完完全全集中注意力时,自我的恐惧或怀疑也就自然没有存在的空间。

通过前面添·高威的现身说法,我们可以这样去总结他的诀窍——把注意力放在最有价值的东西上面。

第二节 反映真相

唐太宗曾经说:"人以铜为镜,可以正衣冠;以古为镜,可以知兴替;以人为镜,可以明得失。"他是在谏议大夫魏徵去世的时候哭着说这番话的。唐太宗在历史上被誉为一代明君,他开明聪睿,从善如流;而魏徵则刚正不阿,敢于直言规谏,两人之间可谓高山流水,相得益彰,成就了恢弘盛世的"贞观之治"。

古代的君主能够"以人为镜",今天的人们更应该用别人来做自己的镜子。战国时代的韩非子就说:"古之人,目短于自见,故以镜观面。"(《韩非子·观行》)人的长处是对身边的事情和人能够洞察入微,对别人的行为可以做到明察秋毫,却唯独难看见自己的容貌和心态,必须以铜为镜正衣冠,以人为镜知得失。

教练就是对方的一面镜子,把对方的行为和心态真实地反映出来,教练过程的第二步是反映真相。教练反映什么真相呢?教练过程中会碰到很多实际的情况,教练也要根据具体情况真实地反映。在这里,我们从三个方面来看什么是反映真相。

第一是反映出"我认为的"与"别人认为的"之间的差距。其实,人都是自以为是的,没有一个人不相信自己的眼光,没有一个人不相信自己的感觉和判断。有的人认为自己是非常负责任的,但是周围的人没有谁觉得他负责任。有的人认为自己在生活中无能为力,内心深处很自卑,但是旁人却觉得他是一个能力很强、敢想敢干的人。人们对自己的看法和别人对自己的看法经常有差距,可是,旁人一般不会把他的真实想法告诉对方,因为当他们坦诚了真实的想法,换来的可能是不理解和被记恨。教练就是这面真实的镜子,会把"别人认为的"反映出来,被教练者可以从中看到自己的另外一面。

第二是反映出"使用的理论"和"拥护的理论"之间的不同。"拥护的理论"是人们口中说的理论,而"使用的理论"是人们的行动所遵循的理论。这两者经常有很大的差距,大部分人却不知道。比如一位领导者在企业中倡导诚信,但是他经常对员工说谎,也许他认为说谎,尤其是对员工说谎是很正常的,他的行动所遵循的是"不诚信"的理论。"拥护的理论"通常是以信仰和价值观的陈述形式表达出来,"使用的理论"只能从观察人们的行动,也就是人们的实际行为中推导出来。教练要将对方"说的"和"做的"之间的差距反映出来,帮助对方明白他的行为并不是朝着他想的方向在发展。

第三是反映出"表象"与"事实"的差距。人只有两只眼睛,眼睛所能见到的范围是有限的,眼睛看到的总是某一刻或者是某一个时段的现象。可是人们往往将看到的当成是事实,将某一瞬间的现象凝固成为永恒不变的事实,然后以此作为信念,去推断和观察世界上的其他事物。当人们戴上有色眼镜,看到的一定是眼镜的颜色,以为看得很透,其实不过是看到了表象,看到了自己想看的东西。世界是运动的,事物是发展的,教练帮助被教练者拨开信念上的迷雾,清晰地看到事实。

很多时候,人们看不清自己,有两个原因:一是存在盲点,没有内省自己的习惯,总是认为自己是对的,所有的不对都是因为别人；一个是恐惧，不敢相信原来自己的真实状态不是自己所认为的，不愿意承认真实的自己也有自己不喜欢的一面。教练反映真相，包括对方的信念、行为和情绪等，被教练者从中知道关于事件本身及自己的盲点，了解到自己的位置，看清楚内心的干扰，洞悉现状与目标的差距。

镜子只会告诉人们的形象是什么样，而不会告诉人们究竟该保持什么样的形象、应该穿什么衣服。也就是说，镜子是客观地反映真相，不会有自己的判断。同样，教练要放下自己的价值观、信念和情绪，真实地反映出对方的状况。

教练如果不将"自己"放下，就会给对方错误的反映。"邹忌讽齐王纳谏"就是一个很好的例子。城北徐公是齐国的美男子。齐相邹忌问妻子、侍妾和客人："我跟徐公谁美？"他们都说："徐公不如您美。"几天后，徐公来访。邹忌仔细端详他，自以为不如；再照镜子看自己，更感觉差得很远。邹忌很感慨："我妻子说我美，是偏爱我；侍妾说我美，是怕着我；客人说我美，是想有求于我！"邹忌有自知之明，从而领悟到一个被偏爱者、敬畏者、有求者包围的人，可能因听不到真话而导致完全错误的判断。他用切身的体会劝谏齐威王，终于使威王听从。

如果教练本身没有"空"，没有"归零"，就会像邹忌的妻子、侍妾和客人一样，不能客观地反映对方的真实状态，这样不仅帮助不到对方，还会为对方蒙上更厚的迷雾。领导者因为员工的表现不好而情绪烦躁,或者对员工心存愤怒,就会受自己情绪的影响而变得主观,教练过程就无法有效完成。

教练的所有焦点应该在对方,自己是中立和客观的,与被教练者之间建立起平等、互相信赖和真诚的沟通关系,这样才能反映真相。

 教练小智慧

镜　子

教练的作用就是让被教练者自知。

古往今来,关于镜子的比喻,也许最有名的就是关于唐太宗李世民的那段了:

以铜为镜,可以正衣冠;

以古为镜,可以知兴替;

以人为镜,可以明得失。

唐太宗作为一代名君,创建了"贞观之治"的盛世,使中国的国力在当时的世界上远远领先于其他国家。

从唐太宗这三个比喻中,我们最少可以得出一个结论,那就是:镜子的作用非常重要。

那么,为什么镜子的作用如此重要呢?

我们还是先看看历史人物是怎么说的吧。

老子在《道德经》中说:知人者智,自知者明。(我猜"明智"一词就来源于此。)

《孙子兵法》里的"知己知彼，百战不殆"更为脍炙人口。

统计一下就会发现，在两位古人的话中出现频率最高的就是"知"字。镜子的作用，正是在于"知"。

作为专业教练，我们相信其实每个人都是愿意进步的。一旦他真正看到自己的位置或者状态，他完全有能力做出选择、自我改善。人们不改善自己，往往是他们没有真正看清自己是怎样的。

教练的作用就是让被教练者自知。

因为教练不是别的，正是现代社会中的一面镜子。

第三节　心态迁善

技术性的问题，可以通过技术性的方法得到解决。面对技术的飞速发展，领导者想在互联网上建立企业的网站，公司没有一个人接触过互联网，也没有人懂相关的技术，这难不倒领导者，派相关的人员去学习，很快就会把网站建立起来。但是，如果公司里所有的人都不愿意去学习，认为谁学习了新技术，谁就会增加额外的工作量，得不偿失。这就不是技术性的问题了，需要调适。调适的办法是迁善心态。

"迁善"一词出自《周易》："君子以见善则迁，有过则改。"意思是说君子看见好的就迁善自己，有过错就改正。"见善则迁，有过则改"，这句话很好地进行了区分，迁善不是改正，迁善是心态上迁善；改正是改正过错，是对行为进行改正，而且两者的顺序也道出了人的变化过程，只有心态上先迁善了，才可能有效地改正行为。

所有的行动都根植于人们心中的信念，所有的感觉都起源于人们抱持的心态。有的人在面对危机的时候逃避责任，把所有的事情推给别人，因为他有害怕失败的信念；有的人却主动承担责任，在困境中挺身而出，因为他认为危中有机，失败不可怕，可怕的是自己先败下阵去。口袋里同样是有一百元钱，有的人会很紧张：糟糕，只有一百元钱了，而有的人很高兴，太好了，还有一百元钱！不同的感觉来源于不同的心态。

技术型领导者从他人的行为上来改变对方的行动。一个能力很强的员工经常迟到，领导者采取训斥和罚款等手段来让员工改变，员工守时了一段后依然故我，领导者训斥和罚款的程度也相应加剧，后来，员工不辞而别，离开了公司。技术型领导者力求改变的是员工的表现，而忽略了员工的信念和心态，显然没有达到效果。

迁善是迁善信念和心态。信念决定态度，态度决定行为，行为决定成果。教练从改变信念入手，帮助对方从另外的角度看问题。在信念上有所迁善，心态因此而发生变化，行为也就有所不同，可以创造出令人惊喜的成果。

事情之间的差异，人与人之间的不同，其"玄机"往往在于一念之差，而不是知识和技术的差别。正常人都会说话，很多人经常在朋友面前滔滔不绝，可是站在面对上千人的讲台上，却张口结舌，汗如雨下。对着一个人是讲话，对着一千个人也是讲话，在技术上是完全具备的，可是为什么大部分人走上讲台就出现语言短路了呢？

是信念和心态在影响他的表现，对着一个人时，环境熟悉，朋友之间互相了解，讲什么都没关系；对着上千人，环境陌生，面对那么多眼睛，害怕自己讲不好而出丑。越害怕就越出丑，一个口才很好的人也会成为结巴。

要想改变这种状况，通过训练讲话水平不能解决问题。根本的办法，是帮助对方迁善心态：讲不好会出丑，那就出丑给大家看，有什么关系？看着这么多人会紧张，那就带着紧张讲话，有什么关系？如果对方在信念上觉得出丑也很快乐，出丑对自己并没有影响，人是可以紧张地讲话的，那他就在信念上换了一个轻松的频道，自信地走上讲台，慢慢地就口若悬河了。

迁善心态帮助人们有效达到目标。被誉为"企业教练之父"的添·高威，以此创下了"20分钟教会人打网球"的奇迹。1975年，添·高威是一位网球教练，他宣称自己找到一个不用"教"的方法，可以让任何人在20分钟之内学会打网球。没有人相信他的话，电视台组织了20个从来没有打过网球的人来做实验，目的是揭穿添·高威的骗局。

一个女人懒洋洋地走上场，她有170磅（约77千克）重，已经多年不运动，穿着像木桶一样的长裙。她来这里是想告诉组织者自己不想参加了，结果被当成第一个实验对象。一个穿裙子的胖女人，一个从来没有上过电视，也从来没有打过网球的人，怎么可能在这么短的时间里学会打网球，人们等着看笑话。

添·高威告诉胖女人，不要担心姿势和步伐的对错，不要竭尽全力。很简单，当球飞过来，用球拍去接，接中了就说"击中！"如果落到地上，就说"飞弹！"女人照着去做，用一副无所谓的样子去接球。添·高威接着告诉她，留意球飞来的弧线，留意聆听球的声音，把焦点集中在球上。当女人这样做后，接中球的概率明显增加了。

最后三分钟，添·高威教女人最难的部分——发球。他说，闭上眼睛，想象你跟着音乐跳舞的样子，然后睁开眼睛，随着节奏发球。最后一分钟，观众们终于看到了奇迹，胖女人尽管在场上不方便地跑来跑去，可是，她能很自如地打网球了！

人们把注意力从紧张和担心转移到球的弧线和声音上来，就学会了打网球。在这个过程中，添·高威并没有教对方如何握球拍，也没有教别人注意身体的姿势，仅仅是帮助对方做了心态的迁善，奇迹从中产生。添·高威将他的方法写成了《网球的内在诀窍》《工作的内在诀窍》等书，从一位体育教练转型为企业教练。

见善则迁，何为善？向何处迁？有两个方面，一个是拓展信念，放下固有的信念，扩大信念的范围，减少盲点，从而产生新的可能性。另一个是以目标为准，选择有利于实现目标的心态，以此心态来行动，保持心态和目标的一致性，使行动更为主动和有效。

教练小智慧

迁善心态

君子以见善则迁,有过则改。——《易经》

教练过程中很重要的一步就是迁善心态。不同的心态导致不同的行为。

比如:一个营销人员抱着"这个客户肯定不会和我做生意"的心态给客户打电话,只要那个客户稍微有所拒绝或者推辞说我没时间,这个营销人员多半就放弃了。

并且,他还可能想:我早就说跟他做生意没可能啦,这不,事实证明了我是多么有先见之明。

但是,如果他的心态是"这个客户是一个很好的商机。我一定要和他做成生意"的话,他的处事方式就会不同。就算客户说我今天没时间赴约,他也会进一步争取:

"明天你有没有时间?"

"你没时间过来,我可不可以到你那里去?"

"实在没时间见面的话,我先把我的计划 e—mail 给你看看好吗?"

这里只是列举几个简单的方法,还有更多的方式可以选择。总之,如果他一定要做到的话,他不会轻易放弃任何一个机会:

我们说,教练帮助被教练者创造成果。成果从哪里来?

上面的例子已说明,它来自被教练者态度的迁善。

第四节 行动计划

人们用"眼高手低"来指那些知道得多,却做不到的人。知道并不等于做到,信念改变了,心态迁善了,可是不去实施,不将信念和心态与行动结合,那就等于隔岸观火,对岸的火烧得再大,同自己也没有关系。这种置之度外的游离状态,不是真正的改变。知道得多而不去行动的人,幻想大于成果,在生活中可能倾向于喜欢评论和抱怨,会经常羡慕地谈到很多目标,目标对他们来说,常常不可触及。

追求舒适是人的天性,人都有懒惰和拖延的习惯,只有将计划制订得详细,才可以经常按照计划来检视行动,知道自己已经走到了何处,离目标还有多远。教练帮助对方跟进和检视,在对方碰到困难,或者是出现气馁的时候,挑战对方去清晰目标、反映真相,以及迁善心态,进一步将更强的信心注入行动之中。

行动计划对被教练者的价值在于:

第一,负责任的心态,行动计划是客户为实现自己的目标负责任地为自己铺排行动的体现,令被教练者为自己的行动、成果负责任;

第二,有承诺地去创造成果,目标是遥远的未来,成果才是现实,收获成果的喜悦让目标有存在的价值,行动计划是创造成果的保障;

第三,加强信心及坚定立场,人们面对自己的理想,未必能在时时刻刻都会保持信心,特别是在面对逆境冲击的时候,信心容易降低,一份有效的行动计划能够在人们动摇、怀疑、担心的时候给予最大的支持,坚定信心与立场。

一份有效的计划需要包括"目标、行动、成果"三个最基本的元素。目标是一个方向，是行动的指南针；行动是有效达到目标的行为，是目标和成果之间的转换器；成果是行动所产生的结果，是检视目标的一个标志。

人们经常混淆"目标"与"成果"之间的关系。如果混淆了两者，人们的生活和努力就变成是成果的数字推动，看不到数字背后的意义，结果就可能丧失积极努力的动力。两者之间区别的关键在于，目标可能是具体的数字，也可能是一个理想和方向，成果则必须是可被准确量度的硬指标！

协助被教练者制订行动计划，要将焦点放在对方身上，其中有不少技巧，可以帮助教练更有效地完成这个步骤。以下五点是教练要特别留意的，如果忽视这些方面，可能会适得其反，让对方走入新的误区。

第一，被教练者是选择自己的生命，不是为他人而活。有些人在做行动计划的时候，敷衍了事，草草收场，仅仅把它看成一种形式，当成一个不得不向教练交差的任务来完成。教练要帮助对方清晰，行动计划是为他自己而做的，不是为了教练或者别的什么人，换句话说，被教练者是向他自己承诺。

第二，愿意开发可能性。有些被教练者面对压力和挑战的时候，很容易乱了方寸，制订的计划被搁置一边，有步骤的行动被蛮干取代，行动的心态充满着压抑。教练者要帮助对方进行调适，从启发新的可能性的角度出发，积极面对压力和挑战，找到最佳的解决办法。

第三，由自然开始。要结合自身目前的实际情况制订切实可行性的目标，不能好高骛远，不要脱离实际，否则行动计划将变成人的精神压力，成为人进步的阻碍。成功的人不是一蹴而就的，而是经历了长期坚持，自然而为，水到渠成的渐进过程。

第四，迫切性。不少人有"等明天"的习惯，以为行走在路上才是行动，不知道准备去路上也是在行动，行动是刻不容缓的。从被教练者的行动计划当中，留意是否体现出他对成果追求的迫切性。没有迫切性的计划本身就反映着对方对于目标成果的信念，所以本身已经是要被教练的地方了。

第五，负责任。被教练者必须诚实，也就是说，他的行动计划，从目标、行动到结果，都是真实可信的，是他真正所想、所做和所获的。欺瞒、搪塞、敷衍的态度会令行动计划仅仅变成一份交给教练和领导的功课，没有任何实际效果。更关键的是，诚实表示被教练者对自己的行动计划有一份认同，诚实地面对自己的体验。另一点，被教练者的行动是去创造，而不是去牺牲，面对更大的压力，有些人会用牺牲的心态去危害他个人生活的其他层面。教练要帮助对方看到这种心态产生的结果，挑战对方用创造性的心态去突破局限。

从厘清目标、反映真相、心态迁善到行动计划，完成了一个教练过程，然后再进入厘清目标，也即开始检视成果，洞察行动的方向和目标之间的偏差，开始新一轮的教练过程。事实上，在具体进行中，这些步骤经常穿插进行，互相补充。没有最好，只有更好，有效性在于人们根据实际情况灵活运用。

教练的四步技巧契合人字模型。厘清目标是探究人的"因",反映真相是反映现象背后的"因"和"道",迁善心态是在"道"上完成,而行动计划要运用技巧和工具,主要是人的"术"。检验"术"是否有效,再次回到"因"和"道"。所以说,人是不可分割的整体,内在联系环环相扣,结合成一个立体的人。

过把教练瘾

在学习教练技术时,有一个参加者分组互相练习教练的过程。我们一组四人,我教练的对象是阿明。

她说:"我近来感觉比较烦躁。"

"烦躁什么呢?"

"主要是我想自己出来做事,但孩子要上学,我又要去接送。很矛盾,所以烦。"她说。

"你的目标是什么呢?"我开始运用教练四步技巧的第一步。

"我想自己做事,又想照顾好孩子。"我感觉她回答的是心里话。

"那么,烦躁对你实现目标有没有帮助呢?"我问。

"没有。"

"那你还有什么更好的选择呢?"我继续发问。

"本来也请了人,他们找不到路。"阿明回答。

"是他们真的找不到呢?还是你担心他们找不到呢?你有没有

让他们试过?"这是教练四种能力中的区分。

"对,我应该让他们试一下。"她笑着说。

"什么时候?"

其实,这最后一个问题是非常重要的,即教练技术的最后一步:行动计划。只有心态迁善是不够的,必须要化为行动,拿到成果。

第四章

四种教练能力

「聆听、发问、区分和回应四种教练能力是教练反馈和披露的工具,借助它们,教练帮助被教练者有效地变动他的约哈利窗。」

第四章 四种教练能力

镜子通过镜面反射，让人们知道外表形象，教练通过有效沟通，帮助被教练者打开信念、迁善心态，达成目标。镜面反射是无声的语言，人们只能从中看到外在，而看不到内心，教练则是立体的镜子，透过外在照见内心。这面立体镜子的功能是通过四种能力的结合来实现的：聆听、发问、区分和回应，也就是人本教练模式的四种教练能力。

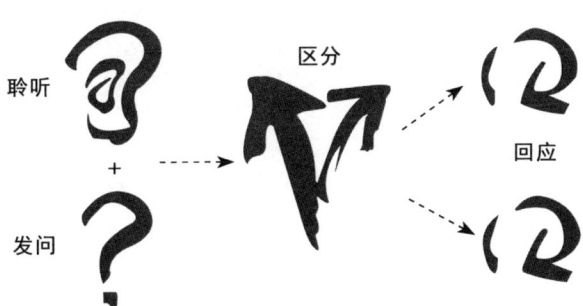

人们天生就有沟通的能力，沟通的基本元素是听和说，一般人沟通是为了传达信息，交流感情，而教练的沟通则是为了穿透外在，直达内心。教练的立体反射是如何借助这四种能力达到的？在此有必要介绍著名的约哈利窗。

约哈利窗是一个研究人际互动关系的理想模型，1955年由加州大学西部研究中心Joseph Luft和Harry Ingram两人提出，成为现代人力资源和管理中的重要理论。约哈利窗显示，对每一个人来讲，世界有四个部分：第一，自己知道，他人也知道的事情，是公开的信息；第二，自己不知道，但是他人知道的事情，是个人的盲点；第三，自己知道，他人不知道的事情，是隐私；第四，自己不知道，他人也不知道的事情，是未知之事。（见下图）

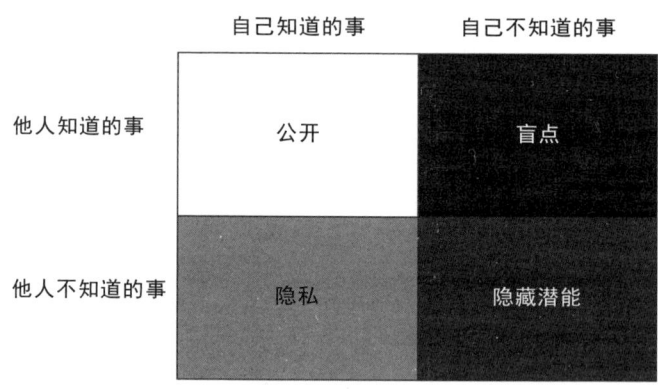

四种教练能力中教练技术的焦点在于人，教练的对象在对方，人本教练模式把约哈利窗的焦点集中在"我"身上，更为清晰地表达其在教练技术中的指导作用：第一，我知道关于我的事情，他人也知道关于我的事情，是公开的信息；第二，我不知道关于我的事情，他人知道关于我的事情，是我的盲点；第三，我知道关于我的事情，他人不知道关于我的事情，是我的隐私；第四，我不知道关于我的事情，他人也不知道关于我的事情，是我的隐藏潜能。（见下图）

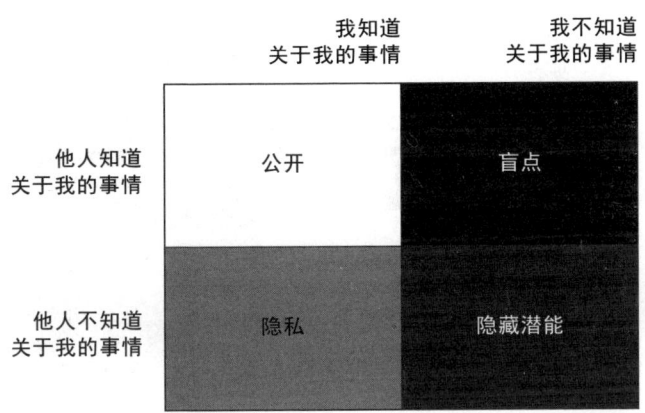

约哈利窗的四个区域是随时变动的。人们随着年龄的增长，知道的事情越来越多，经历越来越丰富，公开的信息和隐私也逐渐增多，图中的竖线会向右移动。不过，在认识"我"上，并不一定是这个变动方向，当人们成长和成熟后，形成了很多信念和看法，其中不乏错误的信念，如果固执于这些错误的信念，或者从来不去观照自己，那关于"我"的盲点则越来越大，潜能被掩盖得更深，竖线的变动方向则是向左！

教练反映真相，帮助对方迁善心态，更真实地看到自己，将图中的竖线向右移动，减少信念中的盲点，这是反馈的过程；教练挑战对方厘清目标，做行动计划，不断检视行为与目标的距离，最终把心中的目标变成现实的成果，将图中的横线向下移动，让潜能浮出水面，成为个人的能力和表现，这是披露的过程。聆听、发问、区分和回应四种教练能力是教练反馈和披露的工具，借助它们，教练帮助被教练者有效地变动他的约哈利窗。（见下图）

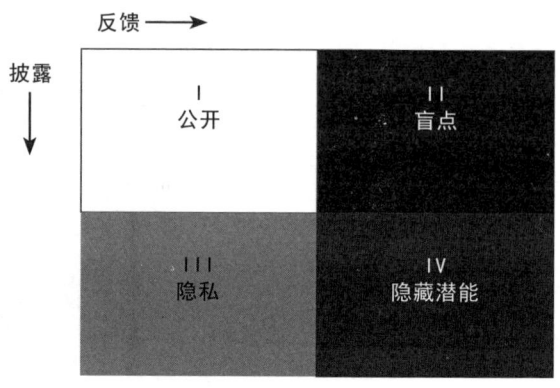

第一节 聆听

听本来是很简单的过程，听到什么就是什么，可是人这种高级动物把人际关系弄得很复杂，把世界也变得很复杂。这些复杂的根源，是人将自己变得很复杂，复杂到很多人心里想的是大海，口中说出来的却是天空，经常有"弦外之音"，复杂到很多人不知道自己在想什么，也不清楚自己在讲些什么，听者更加云里雾里。

在人际沟通上，东方人与西方人有很大的差别。西方人说话直接，不喜欢转弯抹角，想到什么就说什么。东方人长期受传统文化的影响，讲究中庸之道，表达含蓄，喜欢让别人"悟"。尤其是考虑到有利害关系、可能让别人尴尬的时候，说话经常不会直接点到，而是采取迂回的方式。当自己有求于别人、表达需求的时候，也不善于直接提出来，而是在言语上由远而近，经过一大堆无关的寒暄后才切入正题。

无论是东方人，还是西方人，"言不由衷"和"弦外之音"的沟通情况都会出现，这里面有很多因素，最主要是说话者对所说内容所抱持的信念，以及对沟通对象的看法，让他不愿意直接把话讲透。在企业中，员工面对领导者的时候，很多人的表达内容与和朋友说话的表达内容存在很大的差异，其中最主要的原因就是员工对领导者和朋友的信念不同，对两个沟通对象的定位也不一样。

天真无邪的儿童是最直接的沟通者，他们会很明确地提出要求，会毫无顾忌地表达内心的看法和感受。他们的表达方式是直白而即时的，并且大声地说出来，让周围的人了解到他们的需要。在成长的过程中，人们被灌输了各种观念，逐渐就学会了用语言来掩饰自己。

有句名言："谎话说上一千遍也会成为真理。"有的人开始出于某种目的，说出了与想法不一样的谎言，后来说多了，别人相信了，他自己也相信了，谎言就代替真相成为大家认可的真相，真正的真相被掩盖起来了。还有的人对自己并不了解，口头上经常表达自己心中的目标，可是这个目标并不是他真正想要的，他自己不清楚这个差别，外人根据他说的话，也把这当成了他的目标。

教练是人的镜子，所以教练的聆听不是一般意义上的听。听对方说出来的内容，只是常规意义上的听，教练要听的，是对方说出来而被一般人忽略的内容，以及对方根本就没说出来，但是在言语和神态上已经表现出来的内容。教练要听出对方说话背后的出心，也就是他说这句话的出发点是什么，有什么动机，想达到什么目的。汉代扬雄说："故言，心声也。"（《法言·问神》）也就是说，所有的语言都是内心的反映，心有所想，言有所指，没有无缘无故的语言，也没有毫无意义的讲话，哪怕是自言自语，也是内心活动的一种外在表现。"言不由衷"的情况，说的并不是心里所想的，看起来好像表达的不是心声，但这正好是心声的反映，说明说话者不想告诉对方真相，不愿意讲真话，这就是他的心声。对那些说话时心不在焉的人，表明他在考虑他认为更重要的事情，已经心不在此了，而且他希望中止谈话，这就是真正的心声。被人们批判的"废话"，也反映出说话者有说废话的习惯，或者是折射出他的思路不清晰，注意力不集中。至于那些有"弦外之音"的语言，则是将出心隐藏得更深。

出心是一个人真正的信念和心态，说话的内容并不一定代表出心。内容就是两个人谈话中实际所说的东西，如果你只听到内容，就会困在口头对话本身之中，也就是说，你只能了解对方所说的具体事情。其实，参与对话有另一种形式——聆听对方的出心，而不是内容本身。

领导者对下属说："我这么信任你，你怎么没有完成任务？"表面看领导是很关心和信任下属，实际上领导者说这句话的时候，其出发点已经不是关心，而是指责和抱怨，指责下属没有完成任务，抱怨下属辜负了自己的托付，领导者此时的焦点不是在对方身上，而是在自己身上，突出的还是"我"。

教练要听出事实与真相，听出对方的感受和情绪。团队成员在接受任务后，对领导者说"我很乐意去承担这个重任"，从说话的内容上看，他是乐意的。不过，他在说这句话前，已经找了好几个理由来表达自己不能胜任，说乐意的时候也是犹犹豫豫的。真相是什么？他心里还有其他想法，说自己不能胜任是想找借口来推托，最后没有办法了才说自己愿意，事实上他并不是真正愿意，在心态上有迫于无奈的感觉。教练要听出这种感觉，听出对方真正的意思。

很多时候，人们说什么并不重要，他说话时的感受和情绪才是关键。为什么人们会觉得有人讲假话？那是说话者的神色与他说的内容根本不一致，一眼就看出来言不由衷。教练不能满足于此，要听到对方真正的感受和想法。当一个人相信他自己说的东西，他会神采奕奕，讲起话来很激动，如果对方叙述的时候思前想后，吞吞吐吐，那么他对自己说的内容并没有十足的把握，甚至有悲观的情绪。

教练还要听出对方的假设。人们在讲话的时候，擅长添油加醋，设定很多假设，再用叙述事实的方式表达出来，假设就被描绘成为事实。

"听"和"聆听"略有不同，"听"是听全部的内容，没有什么方向，就像人们聊天，是很随意的，畅所欲言而漫无目的；"聆听"是有方向性地听，教练聆听的方向性是代对方去听，帮助对方了解自己的位置。当然聆听也需要听对方说话的全部内容，听对方的音量，说话的节奏，以及说话的音调，对方的言外之意、感受和情绪等常常隐藏在这些因素中。

喜欢喝酒的人，三杯酒下肚，音量会高几个分贝，平时在领导面前唯唯诺诺的人，也会借着酒劲理直气壮地对领导说话。其中自然有酒精的作用，更重要的，是人们在喝酒状态下忘记了平时的顾忌，也打破了上下级的等级关系，心中的胆怯暂时性地消失了。喝酒是极端的状况，不过，很多人都逃不出这个规律：自信心强的时候，说话流畅，声音清晰有力；胆怯和犹豫的时候，音量细如蚊声，说话断断续续。教练要能听出是什么原因让对方拧动了声音的调谐器。

人的复杂性在于说话的时候会拐弯抹角，听话的时候也会妄加揣度，理解的意思并不是说话者的本意。俗话说"言者无心，听者有意"，指随口说的一句话，却被别人用心理解，记在心上。语言是有根源的，言者无心其实是有心的，要么就不会说，哪怕他是敷衍的一句话，其心也在于敷衍，对这句俗语的理解应该是言者A心，听者B意。

聆听能力差的人，肯定是"听者有意"的人，此意是他心中既有的信念和想法。带着这个"意"去听，听到的几乎是符合自己想法的话，不符合想法的，就用自己的"意"去抗拒。不是吗？在培训课堂上，老师讲到一个新的观念，只要与自己的观念不对口，听者的第一反应是不认可，然后用自己掌握的证据去批驳。如果老师的风格不是自己欣赏的那种，也会用自己的"意"去贬低对方，认为老师不过如此。

"听者有意"是教练的忌讳。教练的方向性决定了沟通的所有焦点在对方，教练只能以忘我的心态去聆听，并且是专心、求知和开放的。否则听不到对方的出发点和假设，听不到真相和情绪。

教练不能采用批判性的心态去聆听。对方说出他的想法，哪怕在常人看来非常错误的想法，也是对方的真实心态，教练如果用批判性的心态，就会很快在言语和表情中表现出来，这只会让对方关闭沟通的闸门。教练的聆听不能有选择性。有选择性就是只听自己喜欢的，对于不喜欢的，则让对方打住别说，如果这样，教练听到的将是不完整的。教练不能装听，也不要为对方演绎。装听只会打击对方对教练的信心，提前结束沟通，演绎则会把对方带到教练认为对的地方，可能这是对方的另一个新盲点。

人本教练模式中有一个三"R"聆听技巧：接收(Receive)、反映(Reflect)和复述(Rephrase)。接收就是听全部的内容，不批判，不选择，用心地听；反映是即时反映真实的情况，比如告诉对方"你说得太快／太慢，听不清楚""这个你已经说了三遍了""我还没有听到你想表达什么"等等；复述是为了让双方的沟通没有偏差，向对方叙述他说过的内容，像这些句子："我扼要地说一遍，你刚才所表达的是……""我听到你在说……"，就是复述。

有效的聆听，是启动教练过程的钥匙，可以为教练收集到真实的资料，建立起双方的联系。只有在有效聆听的基础上，教练才可以顺利进行。

 教练小智慧

聆听心声

在一次训练当中,有一位企业家上台分享。

他说:我大学毕业的时候想我能找到一份好的工作就好了,结果很快我就找到了,我觉得没有意思;我又想,我能有自己的企业就好了,很快我又做到了,也没什么满足感;然后,我想自己要是能挣到一百万就好了,不久我就挣到了;于是我又想挣一千万,又做到了;后来我想,挣到一个亿吧,我也做到了。

这位企业家最后的总结说:我觉得很痛苦,活得太没意思了。

下面的其他学员都被他讲的经历吸引,但训练的教练却发挥教练的聆听能力,听到他分享背后的出心。教练说:他在炫耀。

然后教练对下面的其他一百多位学员问道:有谁想享受他这种痛苦的?

一大半的学员高高举手。在大家开心的笑声中,这位企业家自己也笑了。

另一次,有位学员在被挑战的时候很抗拒,愤怒地站起来说要走。其他学员都很担心,怕他的学习半途而废,都想去拦住他。而教练只是轻描淡写地说了一句话:所有的人都坐下吧。

果然,所有人都坐下来了,包括那位说要走的学员。

后来有学员好奇地问教练:当时那种情况下,你不担心吗?

教练说:我不担心,也不会反应于他的反应。因为我听到的不

是字面上的"走"或"不走"。我听到的是他说这些话背后的心态，跟"走"和"不走"是没有关系的。

教练的聆听就具有这样的特点，能听到语言背后的心态或信念，也就是人们心中的对话。

因为这些心里的对话，才对事情起决定作用。

第二节　发问

问是人类进步的重要工具。孔子说："敏而好学，不耻下问"(《论语·公冶长》)，不把向学问、地位等不如自己的人请教当成可耻的事，形容谦虚、好学。其中的请教是通过"问"来实现的。

问是有技巧的。《礼记·学记》说："善问者如攻坚木，先其易者，后其节目，及其久也，相说以解。不善问者反此。"善于提问题的人，就像砍伐坚硬的木头，先从容易的地方开始，而把坚硬的节疤留在后面，时间久了，那些节疤也就脱落分解了。不善于提问的人则与此相反。

希腊哲学家柏拉图说："很多时候，问题往往比答案更重要。"提问是思考的前提，哲学始于提问。哲学家们认为，提问是向"他者"提问，要想提问，首先得肯定"他者"，得肯定提问是"对他者"提问这个前提。教练的发问首先也要肯定是向被教练者发问，肯定所有的发问都是关于被教练者的，这是发问始终不变的前提。

聆听是有方向性的，发问让这种方向更为集中，能够帮助教练更有效地聆听。当一个人说"我很累"，听到的是他讲累这个事实，那究竟他为什么而累，究竟他是不是真累，唯有通过不断发问才能得知。发问是反馈区分的一种形式，帮助教练进行有效区分。发问的出发点不同，对方的反应也会不同。一位财务经理在工作中不小心出错，领导问他"我提醒你很多次了，你为什么还是出问题？！"这个发问带有很强的批判性，领导者的出发点不是问原因和办法，而是质问和指责。对方在强烈的批判气氛中，情绪会更加紧张，有的人选择了设法掩盖自己的责任，而不是将焦点集中在解决问题上。如果领导的出发点是解决问题，不妨这样发问："如果这件事情从头再来，你会看到什么不同的做法，可以创造出不一样的结果？"对方就会认真思考，提出有效的对策。

发问有两个不同的出发点：

一个是批判性的，批判性的发问表明发问者已经产生了负面的看法，就像上面的例子，领导者对财务经理的不满溢于言表。同时发问者表明只有他自己的观点是对的，"提醒你很多次，你还是出现错误"，证明我提醒你的是很正确的，你不听我的，所以才产生错误。批判性的发问充满指责的语气和内容，有些人直到对方俯首称是还不罢休。这个出发点很容易影响对方的情绪，会引起对抗关系。财务经理捅出了娄子，心里诚惶诚恐，只想把损失降到最低，领导者不断指责性地问他，可能让他产生烦躁和抗拒的情绪，最后采取逃避和推卸责任的心态去处理问题。

另一个出发点是启发性的。启发性的发问者愿意探索新的事物，在面对问题时关心的是如何解决问题。启发性的发问打开对方的心扉和思维，找到很好的解决之策，也会让对方感觉到一种支持，可以挖掘出更多不同的观点，从而创造出双赢的关系。

人们在探索自然规律的时候，喜欢问"为什么"，很多重大的发现，都是在"为什么"的求知动力驱动下产生的。应该说，问"为什么"，然后寻找答案是人类探究未知世界的一条重要途径。可是，在人际沟通中，针对对方问"为什么"不是有效的途径，相反，它经常会让对方生气和沮丧。

科学探索上问的"为什么"，是着眼于未来的"为什么"，目的是探求更多未知的事情；人际沟通中问的"为什么"，是着眼于过去的"为什么"，目的是指责和批评。发问中常见的现象是人们把自己的看法变成问题去问别人，他们不是想了解问题，只是借用发问的方式来表达自己的观点。这些问题往往以"为什么"开头，要达到的目的是证明"我是对的，你是错的"。

发问的问题可以分为两种类型：封闭性问题和开放性问题。封闭性问题，不需要对方多想什么或多说什么，只要回答"是"或"不是"，例如"你喜欢这份工作吗""你有没有觉得自己不对"，以及"你愿不愿意改进"等；开放性的问题，不是用简单的"是"或"不是"就可回答的，必须将自己的想法、需要、感受、观点、经历、兴趣和目标等说出来。例如"你认为怎么办""你有什么实际困难"等等。

封闭性问题是为了求证事实，开放性问题可以获得更多的观点；封闭性问题设置了范畴，开放性问题打开了空间。两类问题都重要，关键是要用对地方。在需要对方肯定一个事实的时候，用封闭性问题，比如"你有没有完成任务"的发问，是想让对方看到并重视他没有完成任务这个事实。要探询真相，打开更多可能性，就需要开放性的问题。

发问是反映真相很好的手段，发问是探索的开始。教练是"无我"的镜子，在发问的过程中要保持中立的心态，以启发性作为发问的出发点，并且多问开放性问题，这样才能帮助对方看到自己的盲点。

教练小智慧

只问不答的教练

有一个学员问教练：我不喜欢我老婆，我不知道该怎么做。

教练反问他：你不喜欢那你怎么娶她啊？

学员说：我是不得不娶她，因为当初未婚先孕。

教练继续问道：那你为什么未婚先孕？

学员说：是当时做错了。

教练再问道：为什么你会跟这个人出错？

学员说：当时不懂得想喽，年轻嘛。

教练：你可以这样说，没问题。现在这个错是你犯的吧？你愿不愿意为你这个错负责任？你也可以离婚的，但是要付出代价。

人们说"我不知道怎么做"的时候，往往不是真的不知道。

教练会听到这是一句没有表达完整的话。这句话的真实意思往往是："我不知道怎么做才对。""我不知道怎么做才安全。""我不知道怎么做才没问题。"

他是想找你要一个方法，或是想让别人为这件事负责任。

教练在前面的例子中用几个问题让对方看到造成今天的情况是没有意外的。

所有的事情你都可以去选择。不过，当你做出一个选择的时候，别人也可以做出一个相应的选择。你要面对你的选择带来的后果，为你的选择负责任。

第三节　区分

区分的意思是分辨事物之间的异同点，能够辨别出不同的事物。人类创造了区分自然界的很多标准，掌握了这些标准的人，看到车和房子，肯定不会把它们混为一谈。区分是建立在了解的基础上的，只有了解奔驰和道奇的人，才可能区分出哪一辆车是德国生产的奔驰，哪一辆车是美国出品的道奇。

人的力量在于有能力去区分。在某个方面区分能力越强的人，就可能成为该领域的佼佼者，像各行各业的专家，他们能获此殊荣是因为在专业领域里技术娴熟，造诣很深。娴熟和造诣是两个模糊的褒奖词，说得更透彻一些，是他们在专业上具备比一般人更强的区分能力，能够看到一般技术人员看不到的差别。

对事物了解得越通透，区分能力就越强，洞察力其实就是区分能力。有的人提到酒，只知道喝酒会醉，喝多酒对身体不好。有的人只要闻一下酒香，尝尝酒的味道，就知道是什么牌子的酒。品酒大师就更厉害了，可以区分出不同的红酒，知道用的是什么地方产的葡萄酿制的，能够从酒的颜色和味道中知道酒的配制比例。

禅宗包含了丰富的区分。和尚抱女子过河的故事众所周知，两个和尚趟水过河，大和尚看见一个女子为过不了河而满脸愁容，就把她抱过河去，过了一个多小时，小和尚忍不住责怪道：男女授受不亲，你怎么能抱女人呢？大和尚坦然地说：我已经把她放下了，你还在抱着她！这个故事是在做区分：一个是在身体上的放下，一个是在心里放下。心里放不下，怎么能谈得上放下呢？

区分有不同的方向。人有男人和女人，是以性别为方向的区分；老人和小孩，是以年龄为方向的区分；好人和坏人，是以社会约定的道德为方向的区分。古人说："不因其人而废其言，不因其言而废其人"，是从言语和人两个不同的方向进行区分。

教练的过程是区分的过程，区分能力越强，教练的能力就越强。教练区分的目的是反映真相，帮助对方看到自己的盲点，看到并迁善自己的心态，教练区分的方向是有利于被教练者清晰自己、迁善心态、开拓信念和达成目标的方向。

教练要区分事实与真相、事实与演绎。人有思想，会从自己的角度去考虑问题，会以自己的见解去传播问题，人人都有演绎的能力。同时，人们都推崇"眼见为实"，认为只有看到的才是真实的，自己看到的才是真相。

事实并不等于真相，演绎更不能代表真相。领导者批评下属："你今天是第二次迟到了，你怎么这么不讲信用？"在公司的董事会上，领导者根据他看到的发表意见："这位员工经常迟到，做人的信用很差，不能委以重任。"这是很多领导者表演过的管理剧本。其中，"下属第二次迟到"是事实，但是，"不讲信用"是领导的演绎，领导者在传播的时候，再次发挥演绎的能力："这个人经常迟到，信用很差。"真相究竟是什么呢？领导者只有经过探询式的对话才会知道，也许两次迟到都是出现了非常特殊的情况，第一次，下属在路途中碰见一位突然发病的路人，送他去医院，耽误了时间；第二次，下属顺路先去客户处取了一份重要资料，然后才到公司。这就是下属迟到的真相。领导者却相信自己看到的，经过演绎后，认定真相是"员工是不守信用的人"。

人们看到的往往是事实，却不一定是真相。美国攻打伊拉克，经过电视转播，世界上各地的人都知道了战争，人们看到的是美国发动战争，并且攻打了伊拉克这个事实。美围攻打伊拉克的真相是什么呢？有很多人分析、评论，以为自己知道真相，其实，他们分析评论的只是一种演绎，是根据他们的经验总结出来的演绎，是在事实基础上推导而得的演绎。真正的真相，恐怕只有当事人才最清楚。

有时候人们看到的还不是事实，而是自己的概念。在汽车普及以前，偏远地方的人从来没有听说过汽车，有一天，有人看见远处有个怪物朝自己跑来，吓得魂飞魄散，边飞跑边大叫"快跑啊，怪物来抓我们了！"这个人看见"怪物来抓我们"，这是他的概念，事实是"一辆汽车开过来了"。

领导者在工作中,也会经常用概念来代替事实,然后以此为判断依据,做出对企业发展不利的决策。在历史上,这样的事情很多。忠臣一心为国家,奸臣处处为自己,但是皇帝相信他看到的,把自己的喜好做为标准,忠奸不分,让奸臣当道,最终毁了江山社稷。

教练要区分出被教练者在说话中掺杂的演绎,令对方看到事实并不是他所讲的那样,看到他自我演绎的方法。对方说:"我没有学过经营,能力不行,不可能去做市场。"教练为他做区分:没学过经营是事实,能力不行是演绎,不可能去做市场不是因为他没有学过经营,肯定还有其他原因。做了区分后,教练进一步发问,然后再做区分,帮助对方看到不愿意去做市场的真正原因。

教练还要区分出对方的渴望与障碍。很多人把达不到目标归结为客观条件不成熟,比如:"竞争对手的人才比我们多,社会资源比我们丰富,我们不可能达到他们的业绩。"每个人都渴望自己能做得很好,"达到业绩"是渴望,不过,渴望永远是渴望,成不了现实,因为"我们的人才和社会资源欠缺"。人们习惯这样为自己设置条件,心中时刻渴望,条件处处限制,达不到目标也有开脱的借口:是条件不够。

"我很想……"是大部分人的口头禅,那么说这话的时候,心里想不想呢?肯定也在想,可是常常成为"空想"。想法变不成现实,最主要的原因是在信念中放置了栏杆,人们很聪明地看见了栏杆,却没有去冲破栏杆的想法和行动,也没有绕过栏杆的念头。

区分目标和成果也是教练区分的重要方向。"方向转弯"是人们习以为常的思考和做事模式，本来刚开始目标很清晰，后来碰到干扰，干脆就改变方向，冲着其他目标而去。可悲的是，很多人偷换了目标还毫不觉察，仍然猛踩油门，朝错误的目标飞奔，成果就是他飞奔的结果。像上面举的例子，目标是在业绩上超过竞争对手，成果却是为自己找到了不努力的理由。

在家庭关系上，"方向转弯"的情况很多，两个人结婚是为了什么？是为了相爱，可是很多人在结婚后不是向相爱的方向发展，一言一行都是把关系引向破裂，其成果是破坏，而不是巩固两人的相爱。如果这样做的两个人，其目标是让彼此的关系破裂，那他们就不会痛苦了，偏偏他们的目标是相爱，所以挣扎着相爱，痛苦地生活。只有区分出目标和成果，对方才会明白，原来自己的思维和行为，是远离目标而去的。

教练的区分有两个方面：一是自己区分，人人都应该训练自己的领导力，人人都应该了解自己，自我区分能力可以帮助人们清晰自己的位置和状态；另一个是帮助对方区分，教练是支持者，教练型领导者要帮助团队成员拿到他自己生命中的金牌，通过区分，帮助他人拓展生命的内涵和外延，创造可能性。

帮助对方区分的形式有几种：以发问的形式、直接指出、通过回应及通过比喻。有人为子女安排了很多学习内容，认为是为子女好，可是子女一点都不开心。她觉得很委屈，责怪子女不理解自己的苦心。教练可以用发问的形式："这些安排是你想要的，还是你的孩子想要的？"逐步通过发问，帮助对方区分"她要的"和"孩子要的"是不同的，另外可以直接指出：她不过是将自己想要的强加在孩子身上，从未认真考虑过孩子的需求，没有倾听过孩子的声音，孩子当然不开心。

区分，一颗智慧心

Elsie 的儿子喜欢打电脑游戏，并且玩得很投入、很认真。外婆见后对他说：学习的时候都没见你这么认真！

可能这是很多家长的共同反应。

但是作为教练的 Elsie 进行了区分：投入、认真本身没问题，问题是将之用在什么地方。打电脑游戏对学习不好，但投入、认真对学习却是好的。外婆的话将二者都否定了，而且还可能在孩子心中造成学习与打电脑游戏对立的想法——都是因为要学习，害得我玩不成电脑游戏。

想一想。有多少孩子是抗拒学习的？

再想一想，又有多少是因为我们区分不清造成的？

作为父母，可以肯定孩子投入、认真是好的，是孩子拥有的一种能力，然后将之引导到学习上。

作为企业领导也一样，你也可以正面运用员工的热情和能力。正如一位教练所分享的：员工都渴望成功，其实领导者只需不断让他在大事小事中得到成功就好了。满足了他这种成就感，他就会享受工作。

当然，前提是你要懂得区分。

第四节　回应

回应是此刻的感受，是反馈区分的一种形式。回应包含有回答和反应两层意思，一般来讲，回答是用说话来回答，反应是用非口头语言的方式，例如身体语言、情绪等。教练聆听和区分后，就要用回应来为对方照镜子。

用说话来回应，说话的内容很重要，说话的语气和表情也很重要。当团队成员大胆地提出一个新的发展计划时，领导者用关切的语气回应"你行吗？"，听者能够感觉出领导的询问和怀疑，他有可能会继续谈论他的想法，让领导者看到他的能力和计划的可行性；如果领导用上扬的语调问"你行吗？"，还伴有一脸的不屑，对方会主动停止探讨，因为他从领导者的回应中看到了蔑视。当然，"你行吗？"不是一个好的回应。

非口头语言的回应也有强大的力量。在公司会议上，领导者在发言，下面有人窃窃私语，领导者停顿下来，用制止的眼神看着说话者达一分钟，然后继续开讲。对方明白这是领导对自己开小差的回应，会收敛与会场气氛不和谐的行为。回应可以成就一个人，也可以毁掉一个人。西方著名心理学家、精神分析学派的创始人弗洛伊德认为，人在一生中，投射的作用不可忽略，在人们小的时候，父母将自己的想法投射到自己身上,逐渐形成了自己的信念和价值观。长大后,人们将自己的信念和看法投射到周围人的身上,影响到他人的信念。投射就是通过回应来完成的,比如小时候经常被告知什么事情可以做,什么事情不可以做,当做了不可以做的事情,一般得到的是训斥的回应,做了希望被做的事情,得到的则是嘉许的回应。被视为不成才的人,肯定在他的生活中有人用回应来引导他不成才。

回应的出发点可以是贡献对方,也可以是批判对方,分别为贡献性的回应和批判性的回应。贡献性的回应,是抱着真正关心对方的信念和心态,目的是为了对方更好地成长;而批判性的回应,则是将对方视为肇事者一类的角色,看不惯或者看不起对方的言行,回应的方式是否定、批判和打击。

批判性的回应者,一般都显示出恨铁不成钢的心态,认为对方的想法和行为是不对的,然后再列举出对的标准和方向,好像对方只有按照他说的去做,才能够"修成正果"。其实,在"我"与"对方"的关系中,上演的还是"我是对的,对方是错的"这幕剧情,并没有把对方放在首位,不是为对方的成长担负责任,而是为对方没有听自己的话而痛心疾首。贡献性的回应者,把对方作为核心,回应的是自己的体验,与对方的关系是"我贡献我的体验,与对错无关"。

教练回应的是体验,是此时此刻真实的感受,而不是对错与好坏的标准,更不是对好坏对错的评判。这一点非常重要,是教练客观反映真相的基础和条件。也就是说,教练所有的回应都是源自自己的体验，而不是批评和指责。当教练把焦点摆在对方身上去表达某种体验时，这就是一个很好的回应。

如何理解回应的是体验？教练聆听到对方说话中有不满，就回应他："我觉得你有不满情绪。"当教练听到对方在转移话题和推卸责任，可以回应："我听到你在转移话题，也听到你在推卸责任。"反之，批判性的回应则不是这样，而是："我觉得你很贪心！""你别转移话题，别推卸责任！"总之，教练回应的是自己的体验，而不是批评被教练者。其他的语言和表情，如打击、发泄、讨好和讽刺等，都不是真正的回应。

教练回应的出发点是支持和贡献对方，回应的心态是真诚负责、直接明确及即时的。贡献自己的体验可以帮助对方清楚他的位置，"我体验到你很不开心""我体验到你很犹豫""我体验到你很放松"等回应真实地照见了对方的状态。只有支持者，才可能做到心中"无我"，平静而客观地贡献自己的体验。教练回应的内容和神情，一定要发自内心，是怎么样的体验，就真实地回应，不能勉强和回避，勉强与回避只会增加教练与对方的不信任。回应的时候不能犹豫不决，更不要在话题已经走远的时候，再回头来回应刚才的体验，回应一定是直接而即时的，是当下这一刻的体验。

大部分人有"糖衣炮弹"式的说话方式，先貌似很真诚地说："你的××（表现／想法等）很好"，接着话锋一转，"不过／但是，……"。尤其是一些领导者，很喜欢"糖衣炮弹"的套路，对人先扬后抑，好像是在肯定和表扬，主要内容还是在批评和教训。教练不能使用这种方法，你对被教练者有不好的体验，直接回应给他，千万不要让对方"心理急转弯"，这样只会让对方体验到你的虚伪。

回应不是给建议。"你最好……""你应该……""你需要……"这样的语句，带出来的是建议和教育，是说话者的主观想法和方法，不是切身的体验。教练是镜子，镜子只告诉你打扮得如何，而不会告诉你应该怎么样打扮，只有回应自己的体验，教练才是一面中立的镜子。

人们照镜子，会很快做出调整，但是照信念和心态的镜子，并不是所有的人都会快速接受和主动调整的。人们对教练的回应，会出现：保护自己、自我解释、竭力辩驳、选择性接收、抗拒、自我检视和接受等不同的反应。

当对方抗拒教练的回应时，教练自己的反应很重要，它关系到教练能否进行下去。此时，教练不能采取以下的这些反应：不理会对方、继续沿刚才的方向回应、与对方争拗，或者向对方解释回应的原因、指责对方的反应、否定对方反应的意思。教练的处理方向是在情绪上保持镇定，焦点放在自我审视上，容许对方有任何反应。自我审视的方向是自己的回应究竟是批判性的，还是支持对方的回应。

教练对被教练者的反应也应该即时回应，可以直接回应他："留意你对我的看法很抗拒"，也可以回应他："是的，这是我的体验，你可以不接受。"甚至可以挑战性地回应他："你在抗拒什么？"

基本上，对方抗拒教练的回应，不在于回应本身，而是关于教练回应的出发点。出发点关系到对方究竟能够从教练的回应中收到什么内容，这个内容不一定包含在回应的语言之中，教练的神态、语气和情绪都是内容的组成元素，运用之妙，存乎一心。

教练如镜

有一次，一个新教练分享道，他觉得做教练做得很辛苦，因为无论用什么方法，他都搞不定被教练者。

教练Cathrine当即给了他一个很好的教练："你为什么要搞定他呢？教练只是一面镜子嘛，作为一面镜子要去搞定一个人，当然会很辛苦啦。"

Catherine抓住了教练的本义来给予教练，所以很有效。

那位新教练分享的是很多刚做教练的人都会面临的一个误区。

教练不是"教父"或"私塾先生"，要证明自己比对方强，自己是对的，自己可以征服、压倒对方。不是这样。

教练的工作只是运用教练的各种能力和技巧，尽可能准确、到位地反映对方的目标、位置、心态给对方看。

很多人在成年之后就形成了一套固有的价值观，之后他所做的事就是去收集证据证明自己这一套是对的。所以，如果你要去告诉一个成年人他该如何去改变，他通常很难接受。最好让他自己去看。你越能准确地让他看清自己，对方就越能"搞定"自己。

如果一定要说教练可以搞定对方的话，也是通过这种方式来实现的。因为，能真正搞定他的人，只能是他自己。

第五章

九种领导技巧

「每一个领导技巧与相应的领导力对应,是展现领导力的工具和方式,也是增强领导力的一种途径。」

第五章 九种领导技巧

技巧的重要性就犹如它在人字模型中的位置，没有了一撇，不能称之为人，一撇太短或者太长，都将使整个人字失去平衡。一撇一捺同等重要，它们的对称组合支撑起一个完整的"人"。也就是说，对任何一个人，"what"和"how"是缺一不可的，它们就像人的两条腿，相互补充和借力，使得人们可以行走和飞跑。

当我们用因、道、术来观察人，不难发现，道和术是相分、相对而相通的。道术相分的意思是，道在内而术在外，表面上看，道与行动没有多大关系，术则很明显地体现在行动之中；道术相对，道是统一而根本的原理，术则是分散的途径和工具，道是一个整体，而术分散为不同的技巧和知识；道术相通，道影响着人的去向，术推动着人的去向。两者尽管有别，却又是不离不弃，相长相生的，道可以让人了解自身，通达自然，术则可以让人"判天地之美，析万物之理，察古人之全"（《庄子·天下》）。

人在刚出生的时候，不知道其道，也看不到其术，在后天的成长中，信念逐渐形成，也日积月累地学习了知识和技术，道同术都有了。而且，随着人的成长，信念会发生变化，知识和技巧也会发生更新。有些信念，是人在一定的实践中认识到的,也有些人在碰到大的变动的时候幡然醒悟,看到了信念上的盲点,改变了以前的行为。有些信念改变,是在人具备一定的技术,在运用技术的基础上发生的。

有一句话:"老师随时在身边,看你有没有学习之心。"也就是说,技巧和知识是随时可学的,主要看你是否具备学习和应用的信念和心态。信念和心态决定你选择知识和技巧的方向,信念和心态决定你运用知识和技巧的方法,成果不能单纯从信念和心态中产生,也不可能单纯从知识和技术中产生,一定是道和术相结合的结果。

在人本教练模式中,道指人的内在素质,是信念等决定人的根本的东西;术是方法,是帮助人们把道付诸实施的具体的步骤。前面讲了,教练之"道"是调适性领导力,主要是从信念和心态上做调适,发现自己信念上的盲点,迁善心态,创造新的可能性。四步教练技巧和四种教练能力,是教练在做教练过程中的"术",是教练这个专业的必修技巧。那么,作为一个教练型的领导者,处于团队的领头位置,其任务除了要教练成员,帮助成员达到其目标外,还肩负起领导企业的责任,因此,教练型领导者需要更多的领导技巧。

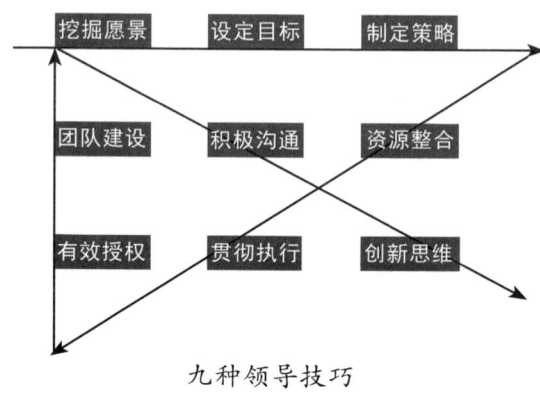

九种领导技巧

第五章 | 九种领导技巧

与九点领导力相呼应，人本教练模式提出了九种领导技巧，它们是：挖掘愿景、设定目标、制定策略、资源整合、贯彻执行、有效授权、团队建设、积极沟通和创新思维。每一种领导技巧与相应的领导力对应，是展现领导力的工具和方式，也是增强领导力的一种途径。

人本教练模式将人区分为内外两面和人生三端，是为了帮助人们更清晰地了解自己，是一种为了教练需要而做的区分。事实上，人是完整的统一体，任何区分都不可能准确地将人分为几个部分，区分只是手段，其最终目的是为了达到道和术的统一，帮助人们创造出新的可能性，实现其生命计划。

内外原无别，道术本相生。信念决定着人的行为，技巧影响着信念的改变，领导者将领导力和领导技巧结合起来运用，能够发挥更大的领导能力。

第一节 挖掘愿景

激情包含在人的性格和情绪中,只能被感觉到,不能被量化。愿景将激情呈现出来并变成图景,它指出激情要到达的目的地,也是将激情变成行动的心理地图。找到真我价值的人,其愿景是很清晰的,行动会矢志不移地朝着愿景的方向。激情带给人们动力,愿景指引人们的方向。

人们面对压力的时候,不用技术性的方法去掩盖压力,也不采取逃避的策略去回避压力,而是采用调适性的方法去正视挑战,创造可能。在调适的过程中,人的压力会增加,会逐渐逼近压力忍耐极限,在这种情况下,人们为什么还能坚持?最主要的是愿景的牵引,愿景的存在让调适成为可能,愿景让人们在不安中锲而不舍,最终产生创造力,愿景存在也是教练能够进行的重要因素。

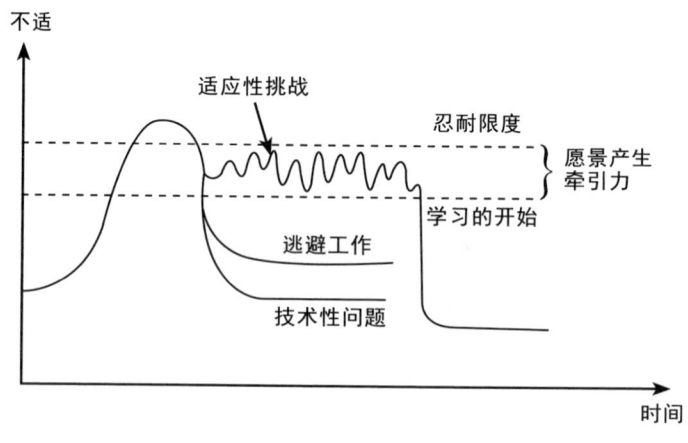

(愿景产生牵引力图)

愿景是人的生命计划的核心元素。对一个人而言，愿景就是他个人的愿望，是他心中最想要的东西的图景。对一个企业来说，愿景有共同愿景和个人愿景之分。个人愿景就是企业成员自己想创造的未来图景，人有差异性，因此每个人都会有自己的追求，个人愿景可能就各不相同。共同愿景是组织中所有人共同持有的意象或景象，是大家想借助企业平台一起创造的东西，是大家愿意将精力和时间为之付出的共同的景象。

个人愿景的力量来自一个人对愿景的关切程度，当他相信这个愿景，力量就产生，当他对这个愿景深信不疑，觉得人生缺之不可，那为之赴汤蹈火也在所不辞。共同愿景的力量来自所有人共同的关切，共同愿景能够激发激情，指引方向，以及汇聚力量。

愿景的重要性不言而喻，那么究竟如何才能挖掘出个人和企业的愿景呢？在推广人本教练模式的历程中，帮助每一位被教练者寻找他自己的愿景，并在此基础上发展出了一整套的方法。下面概要式地介绍这套方法中的一些主要内容。

第一，体验。挖掘愿景的重要工具和技巧是体验，人们在体验式的学习中知道生命中的愿景是什么。体验是行动和思考之间相互联系的过程，通过体验，学习转换为成果。体验式学习法是一种全新的学习模式，其中的学习对象不是外在的东西，而是自己。挖掘愿景的体验主要是体验自己内心的感受和反应，以及由此产生的情绪，教练营造出不同的环境，被教练者在其中体验当下这一刻最真实的感受。

第二,"想要什么"和"不想要什么"。人们的语言会欺骗别人,也可能欺骗自己,很多人说了不少目标,但是在情绪上没有任何反应,在行动上也不见动静,那这个目标仅仅是一个概念或者是一种说法,并不是他心中的愿景。体验是很诚实的,会直接告诉人们究竟什么才是最重要和最需要的。"想要什么"的体验朝向人们愿景的方向,其中最想要的东西就是人们生命计划中真正渴求的愿景。"不想要什么"的体验是人们内心回避的方向,其包含的内容与内心的愿景是相反的。

第三,纸上愿景和心中愿景。有时候,人们写下来的愿景并不是心中的愿景,之所以这样写,可能是出于面子、从众等不同的需要,或者根本就不知道真正的愿景是什么,要清晰纸上愿景与心中愿景之间的这种差别。同时,当挖掘到真正的愿景后,一定要用某种方式把它表述出来,使其成为可视的图画,也就是将心中愿景变成相应的纸上愿景。

第四,行为显露愿景。在生命计划中有愿景的人,行为侧重于长期发展,能够在各种挑战中坚持不懈。而愿景不清晰的人,在行为上更多的是追求短期的利益,缺乏长期性,一旦出现变化和困难,就会放弃对愿景和目标的追求。

第五,激情是愿景的"温度计"。尽管激情无法量化,它还是可以展现出人们与愿景的接近程度。显然,一个人如果毫无激情地说出一些想法,那这就不是他的愿景。愿景让人全力以赴,愿景将人的激情激发出来,融会在追求愿景的言行举止中。愿景是发自内心的,在工作中一味顺从的人,追求的不是自己的愿景,激情也不会自然地洋溢出来。教练通过体验对方的激情,来发现对方是否真正找到了内心真正的需求。

个人愿景是个人生命的重要指引,共同愿景是企业生命的重要方向。经常有企业所有人或者领导者感叹人才难求,其中的一个重要原因,是他们将企业看成自己的私有财产,所有的员工不过是雇佣关系,除此之外,没有让人感到振奋的东西,更谈不上共同愿景了。在一个企业中,当员工的个人愿景与企业的愿景不一致,员工的工作是某种因素所迫的话,一旦他找到降低或解决这种压力的方法,他就会改弦更张。

共同愿景使企业成员产生了一体感,企业从"他们的公司"变成了"我们的公司",每个人都会为企业的愿景感到激动,愿意为这个愿景主动投入,愿意与人分享成功的喜悦,共同愿景创造出杰出的团队。在企业中鼓励个人愿景,塑造出企业的景象,然后建立起共同的愿景,这是教练型领导者肩负的重任。

在建立共同愿景时,容易出现几个误区:第一,企业愿景只是领导者个人一厢情愿的想法,不仅没有融会员工的个人愿景,连员工都不相信他的愿景,这种情况不可能建立真正的共同愿景;第二,领导者依然用以前权威的方法来命令团队成员遵从企业的愿景,成员的行动带不来创造性的力量,屈从权势的行为点燃不了激情,愿景不是他们内心的渴望;第三,共同愿景成为一种时髦的口号,成为企业宣传册上点缀的亮点,企业中从上至下没人知道企业的愿景究竟是什么。

共同愿景是建立在个人愿景基础上的，是发自内心的，它绝非技术性领导力能解决，一定要通过调适的方法来达到。共同愿景的建立是长期的，欲速则不达，唯有坚持沟通，用心调适，尊重整体，尊重个人，才可能建立起众人愿意追随的企业图画。

挖掘愿景的平台是体验，体验情绪，体验情感，体验感受，体验告诉人们关于他自己内心的真相。人本教练模式的实施过程就是一种体验式的学习。

第二节 设定目标

口头应承是宣言，行动才是真正的承诺。承诺是承诺于目标，实现承诺是把目标变为成果。我们已经了解承诺不能实现的重要因素是人们不能排除干扰，结果干扰阻止了目标的达成，或者是将目标进行了转移。干扰的来源有很多方面，可以从设定目标的出发点来分析。

一般情况下，人们设定目标有三个不同的出发点。

第一，基于反应。目标的设定是因为他人的反应，实现目标的动力也是因为他人的反应。

基于反应的目标设定，大部分情况是因为不好的体验。外在的刺激让人们的自尊受到挑战，挑起了争强好胜的欲望，为了挽回面子或者维持面子，满足"我也能行"的比较心理，人们设定了目标。这种目标不是自己真正想要的，而是在反应的刺激下产生的。

第二，基于需要。为获取某些东西而不得不行动，目标的设定和动力的来源是因为某种精神或物质上的短暂需要。比如一些企业在创业初期，出于生存的需要，什么好赚钱就去做什么，没有核心业务，没有长远规划，企业运作的目标是获得生存的空间和利润。这种需要一般是短暂的，而且常常是必须的，通过努力可以达到。当目标达到后，需要被满足，动力有可能消退，行动就变得迟缓。

第三，基于价值。目标的设定是因为生命中自己真正想要做到的，追逐目标的动力来自自我实现的价值驱动。美国西南航空公司向来以愉悦而乐于助人的员工而著称，在其他航空公司纷纷倒闭时，西南航空的员工依然愿意为公司的目标而付出，是什么原因？公司让每位员工受到同样的重视、尊重与关怀，也希望他们把这种精神分享给每位西南航空的顾客，从而实现"献身于最高品质的客户服务，让顾客感到温馨、友善，感到我们的骄傲及我们的精神"的企业使命。在这样的企业价值环境中，每个人都会以服务为荣。公司基于"服务"的价值设定目标，员工为实现目标而感到骄傲。

基于价值的目标设定，实施者追逐的不仅仅是数字上的指标，而是看到一种标准，一种与自己的成长和生命息息相关的价值标准。人们完成短期的指标后，不会停止对价值标准的追求。换言之，数字上的目标只是一步步的阶梯，人们走过阶梯，为的是更为远大的目标，那就是心中的愿景和价值。

教练不会以好坏对错来评价上面三种出发点，它们各有其存在的理由，不是单纯的对错标准所能解释的。教练要让对方看到的，是他设定目标的出发点究竟在哪里，这样可以帮助他厘清目标。

找到设定目标的出发点，弄清订立目标背后的原因，更重要的是找到了行动的动机，能够更快地从复杂的情势中发现干扰。基于反应的目标设定，目标来自别人的反应，可能干扰也来自别人的反应，更确切地说，干扰来自心中对别人反应的反应。基于需要的目标，干扰来自心中对需要的渴求程度，如果有其他原因让人们放弃或者转移了需求，干扰也就产生了。基于价值的目标设定，是比较坚实的目标，人们面对逆境的冲击会更有动力和恒心，干扰的最大来源就是对价值的不认同和怀疑。

目标、行动和成果是实现目标的一个完整系统。可以用SMART系统来帮助人们设定目标、取得成果，它包含五个方面：S——明确的(Specific)，指目标要明确，设定者非常清晰自己想要做到的是什么；M——可量度的(Measurable)，要有具体的成果，这个成果必须是可以精确量化的数字或图表；A——可达到的(Attainable)，可量化的成果不是好高骛远的，是经过努力后的确有可能、有机会做到的；R——相关联的(Relevant)，制订的行动计划是为目标和成果服务的，只有相关联的行动才能帮助人们达成目标；T——有检视点的(Trackable)，需要为成果的达成细分计划，可以阶段性地检视进度，便于调整目标和行动。

让我们看看管理学上对目标的定义：指在一定的时间内，所要达到的具有一定规模的期望标准。目标在某种意义上就是人所期望达到的成就和结果，它的功能是：提供一个中心点来分配资源和拟订行动计划，提供一个尺度来作为评价工作进度和成效的指标。

在目标的定义和功能中，有三个关键词：时间、中心和尺度。

这是领导者要掌握的关于目标的核心。时间概念，也即目标是某个时间段的目标，任何目标的设定一定要明确地提出时间范围；中心概念，设定目标后，一切行动围绕着目标展开，与目标不符合的想法和行为就构成了干扰；尺度概念，提出目标是一种预期，但是因为有时间段的限制，因此，目标成了衡量行为的尺度。

教练挑战对方制定目标，对方可能会很有信心地说"我有信心去做这件事情"，却回避什么时候实施、什么时候完成这两个问题，可见，没有时间限制，目标就不是真正的目标，最多算是一个想法。在行动的过程中，对方并不是按照目标所定的方向去做，"使用的理论"背离了"拥护的理论"，更不愿意去评估行动的有效性。出现这些情况，教练要帮助对方看到真实的状况，帮助对方看到他和目标各自所在的位置。

教练的四步技巧是一个闭路的循环，从厘清目标到计划行动，完成了一个回合。行动计划完成以后，要按照目标进行检视，看看是否达到目标，看看其中有哪些干扰，目标的尺度功能将循环拉回到厘清目标这个起点，开始了新一轮的循环，如此反复循环，直到达成目标。

领导者在设置目标的时候要注意三个方面：第一，目标要同愿景相结合，它既是鼓舞人心的方向，也是人们真切需要的目的物，只有人们真正想要的东西，才可能成为有效驱动行为的目标，所以，目标的制订离不开对真我价值的探索；第二，无论是设置个人目标还是团队目标，一定要本人参与；第三，人们受到阻碍不能实现目标时，一般会发生两种不同的动向：一种是客观分析原因，调整力量，修正目标，继续努力；另一种是导致非理智的破坏性行为。领导者要善于引导，防止后一种倾向发生。

如果说愿景是灯塔，那么目标就是测量器，灯塔指引方向，目标告诉人们船的位置在哪里。领导者在描绘出企业的共同愿景后，接下来的工作是用目标将到达愿景的路径清晰化和阶段化，人们通过目标的累积实现而逐渐接近心中的愿景蓝图。

第三节　制定策略

教练是负责任的过程。负责任是一种心态，教练愿意为教练专业负责任，愿意为对方的成长负责任，愿意为双方的联系负责任。负责任体现为心态上的主动，也体现在行动上有策略性。有策略性就是根据对方的实际情况，选择最有效的方法，有计划和有步骤地铺排教练的过程，帮助被教练者有效达成目标。

制定策略不仅是负责任心态的外在展现，也是达成目标的一种重要技巧。《礼记·中庸》说："凡事预则立，不预则废。"凡事如果能预先充分准备就会成功，否则就会失败。人生有了目标，不等于目标就在自己手中了，必须考虑如何实现。这如同渡河，既然想好了某一天以前一定要到达对岸，下一步就是怎么样在有限的时间内将桥建好，顺利地跨过滔滔河水。人们有了愿景，拟订了目标，负责任的做法就是策略性地构建行动计划，以最快的速度和最稳健的步伐去实现目标。

策略紧跟愿景和目标，策略先于行动。《孙子兵法·始计篇》中强调了策略的重要性："夫未战而庙算胜者，得算多也；未战而庙算不胜者，得算少也。多算胜，少算不胜，而况于无算乎！吾以此观之，胜负见矣。"古代出师作战之前，一般要先商议谋划，分析战争的得失，制定作战方略。这一程序叫作"庙算"。用今天的话来讲，"庙算"就是制定策略。

按照孙武的说法，"庙算"基本上可以奠定胜负。在开战之前，"庙算"能够胜过敌人的，是因为计算周密，胜利条件多；开战之前，"庙算"不能够胜过敌人的，是因为计算不周，胜利条件少。计算周密，胜利条件多的，可能胜敌；计算不周，胜利条件少的，不能胜敌，何况根本不计算，没有胜利条件的情况！从这些方面来考察，谁胜谁负就可以看出来了。

《孙子兵法》的精髓恰恰在于策略方面的研究，只是用于兵战这个特殊的领域。古人有不少论证策略的精彩言论，宋代辛弃疾认为："事不前定不可以应猝，兵不预谋不可以制胜。"（《议练民兵守淮疏》）《史记·高祖本纪》中有一句脍炙人口的话"夫运筹策帷账之中，决胜于千里之外"，《论语·述而》中讲到孔子愿意共事的人一定是"好谋而成者也"，都是从不同的角度说明策略的重要性。

一旦我们投身于愿景，必须找到方法将其变成可行的解决方案。企业建立共同愿景后，要建立团队，还要将团队分成独立而分工不同的小组，那么小组之间的信息如何流通？团队将完成哪些任务？按照什么顺序去完成？是按照有规律性的日程表来推动方案的执行？还是以随机性的方法来实施？这些问题的答案，包含在策略的形成和实施过程中。

策略是指向目标的计划，是实现目标的有步骤的行动纲领。一个正确的策略把愿景和外部环境统一起来，它包括可能性的系统分析，也包括可行性和合适程度的评估。一个好的策略必须是灵活的和可以评估的，要能够不断回顾以确保策略与变化的环境相吻合。

企业策略的概念包含了一个组织全面的目标，要想更透彻地了解策略，必须要知道它包含的企业的多个方面：第一，策略是连贯、统一而综合的决策模式。第二，策略以明显的方式来描述出企业的目标，包括长远目标、短期目标、行动计划和资源的优先分配秩序。第三，策略的核心是定义一个企业在做什么，或者将要做什么，策略描述出企业的业务领域。第四，策略通过对企业外部环境的机会和威胁、企业内部的优势和弱势进行反馈，尝试在每一个业务领域达到长久而可持续的优势。第五，策略定义了它打算贡献给股东经济上或非经济上分配的本质。

给策略下一个准确的定义很难，它的建立基于企业的文化、框架，以及企业的本质。综合上面五点，策略变成了一个基本的框架，组织通过这个框架确定它长久的生命力，并有力地协调企业对外部的适应程度。企业的目的是赢利，策略的最终价值是实现股东的利益，实现企业对社会的贡献。

在策略制定上曾经有这样的争论：策略是基于过去的行动，还是基于未来的计划？这个争论透露出制定策略时的矛盾，应该花多少时间在过去的事情上,应该花多少时间在将来的事情上?

有的人认为策略是从过去的行动和经验中,总结出来的一种行动模式。他们相信策略可以从过去的经历中观察出来,并且与以前是连续的、一脉相承的。这种策略的制定大多依靠过去的经验,保守而风险小,但是不能适应多变的环境。如果硬性地把策略归结为过去的决定模式,可能导致无法为企业塑造新的方向,从发展的角度来看,基于过去的策略是不实际的。

更多的方法是用战略来塑造未来,把策略当成实现目标的行动汇集,成为管理企业未来的模式,因为策略在企业处理将要发生的变化时显得最为重要。策略制定既要考虑到过去的传统,又要具有前瞻性。所以说,策略制定成为企业从过去学习和塑造未来方向之间的微妙平衡。当然,策略有可能偏离传统的方向,这个时刻就是企业的重大转型。

在一个庞大而复杂的企业中,每天都在做成千上万个决定,每个决定对企业都有不可估量的作用。统一这些决定的方法是建立一个永久性的战略方向,保证所有的决定都在战略性方向的框架之中。

一般来讲,制定企业策略有三个过程:第一,认知性程序,对于公司的外部环境和内部能力进行理性理解;第二,社会和组织化程序,为形成一致性的意见,必须进行内部沟通;第三,行政化程序,确定组织内部权利的产生、保留和调任的方法。

粮草未动,策略先行,无论对个人,还是对企业,这个原则都是适用的。孔子说"暴虎冯河,死而无悔者,吾不与也",那些赤手空拳和老虎搏斗，不用船只去渡河，这样蛮干死了都不后悔的人，是不足以与之共事的。没有策略的人，做事没有章法，很难实现愿景。

教练是一个有方向、有策略的过程，开始教练之前就应该谋划在心了。教练型领导者是制定策略的发力点，在企业行动之前就应该放眼未来、运筹帷幄。

第四节 资源整合

欣赏的心态，带给人们的最大收获是资源的凸显和善用。举例来讲，音乐的主要功能是满足人们的听觉需求，让人们娱乐和享受。教练用一种欣赏的心态和眼光，就会发现音乐也可以很有效地运用在教练的过程中。在挖掘愿景的体验中，教练会选择合适的音乐，配合当下的环境，帮助人们更快地进入他愿景的图画，体验他内心的感受和情绪。

当人们心怀欣赏，资源就会层出不穷。教练不仅仅满足于四种能力和四个步骤，会借用各种工具，来增强教练的有效性。性格是每个人都具备的特殊资源，有的人性格暴躁，有的人性格温柔，教练不对暴躁的性格另眼相看，也不会对温柔的性格格外关照，在教练看来，性格就是性格，是每个人身上平常而又宝贵的资源。教练会根据这些性格的不同特点，运用九型人格工具，有的放矢地教练。

借助资源在战争中是一种重要的策略。兵法中除了讲战争的主体"人"之外，还强调土地、山川、气象、草木和河流等的重要性，这些资源也可以成为兵器。"夫地形者，兵之助也"（《孙子兵法》），地形的审用,是用兵作战的辅助条件;"发火有时,起火有日",火攻讲究气候和日期,等等。

资源存在于每个人的身边,如果人们发现不了它,资源就犹如透明,如果人们没有办法吸引到它,资源就对吸引不了它的人失去价值。欣赏的心态帮助人们吸引资源,发现资源,它让人们周围汇聚的资源越来越丰富,让人们有更多借力发力的机会。

从吸引资源到发现资源,仅仅是利用资源的起步,关键的一环是进行资源的整合和利用。打仗的时候,你知道火攻的重要性,火种在身边也随手可取,但是你不知道在什么地方运用火攻、不知道气候对火攻产生的影响,那么,"火"这个资源依然成为不了让你如虎添翼的兵器,唤醒资源价值的方法,是让资源动起来。

进行资源整合的核心是:不拘一格,有进有退,有取有舍。这包含了资源整合的意义和过程。

第一,在众多的元素中,要善于发现资源,确定优质的资源。资源不会因为你是否运用而存在和消失,它存在着,等待有识之士来开采。发现在于敏锐的眼光,眼光来自欣赏的心态。

第二,资源需要整合,整合需要策略。《木兰诗》中有此句子:"东市买骏马,西市买鞍鞯;南市买辔头,北市买长鞭。"骏马、鞍鞯、辔头和长鞭,都是一些分散的工具,当花木兰将它们进行有效的整合后,成为她替父从军的重要资源。资源整合的策略是找到最佳的结合点。

第三,整合是优化资源的配置。各种彼此分离的资源,因为一个内在的纽带被联系在一起,这个内在纽带就是资源整合者的目标。就像做教练,为了帮助对方达成目标,教练不一定要拘泥于某种形式,而是选择最有效的方式,运用各种可资利用的资源,包括设置体验的环境,选择适当的音乐,借助一些道具,创造一种氛围等等,都是为了达成目标而借用各种资源。怎样才叫优化?优化的衡量尺度是什么?答案只有一个:实现目标的有效性。有了目标,各种不同类型的资源就整合成为一种资源,在这个过程中,有进有退,有取有舍。

第四,资源整合是一种系统思考的能力。在战略上,资源整合是系统的思维方式,在战术上,资源整合是优化配置的决策。教练面对被教练者,能够很快知道他什么地方需要教练,知道他背后的信念和动机,知道他行为的来源,知道他与环境的相互影响所在,这就是系统思考的力量;在教练的时候,充分运用身体的听觉、感觉和视觉等各种资源,利用教练核能、教练身心语等等工具,实现资源的最优配置,帮助对方实现目标。

人们身边的资源分为两类,显性资源和隐性资源。显性资源是直接而可以看见的资源,一般是"这个人"或者"这件事";隐性资源是间接而难以觉察的资源,是"这个人"或"这件事"背后以及周围的人或事。显性资源容易被人们发现,隐性资源经常安静地存在着而未被开发和利用,像环境、时间和信息等。不管你是否发现,隐性资源都在不停地运行,影响着你的生活以及事业。

以前的企业是"三足鼎立":生产、销售和财务,没有谁会忽视支撑企业的这三只脚。后来，随着现代企业制度的建立，人力资源和技术受到重视，成为企业开发和挖掘的重要资源。这些显性资源就像运动场上的标准动作，企业在市场中的表现，通常就是靠训练和完善这些标准动作来实现的。

对优秀的企业，标准动作只是必备的基础，它优秀的原因是有独创的自选动作。自选动作就是发挥隐性资源的优势，在别人没有想到的地方加强锻炼，出台亮相的时候，有了比竞争对手更多的内在资本，表现也就更加娴熟和优美，优秀的业绩随着市场的喝彩滚滚而来。

有一个整合隐性资源的真实故事：有一位细心的女老板，其公司的员工来自各个地方。她发现，这些员工的身后，有不同的家庭在关心和期待着他们，这是员工精神的强大支柱。在公司举办各种活动的时候，她让人拍下大量的员工照片，每逢春节，她亲自给员工的父母写一封信，将其子女的照片一并寄过去。这个简单的举动感动了远离公司的每一个家庭，父母为子女感到骄傲，他们将自己的感觉传递给子女，增加了他们对公司的感情。

整合核心资源的外延部分，可以加强核心资源的力量。领导者用人，目的是让员工的智慧和能力创造出效益，这是没有问题的。但是，如果领导者只盯住这个核心资源，只想不断榨取员工的能量，那这个资源是不会长久的。持久的办法是郑重考虑员工的外延，比如他的发展、他的人生计划等等。一味地使用资源，而不进行资源的增值，资源是会枯竭的。

有人提出，企业之中存在着显规则和潜规则，潜规则就是隐性资源在发挥作用。洞察隐性资源，看见潜规则，将使领导者更加清晰企业的真实状况；整合隐性资源，引导潜规则，则让领导者未雨绸缪，游刃有余。

更为宏观的资源整合，是担负起企业的社会责任。比如"成长心连心"的体验式社会公益活动，吸引教练担任志愿者，促进学生、老师和家长三者之间的沟通，至今已经在全国各地举办了几百场活动，有几十万人参与。"成长心连心"让教练成为志愿者，一起来贡献社会，让更多的人从教练技术中受益。

企业社会责任是一种不可忽视的社会资源，它令企业有一种使命感，也凸显了企业的社会价值。一方面，企业的社会责任是对社会的回报；另一方面，参与者从中体会到企业以及自身对社会的价值，产生了荣誉感和自豪感，在企业中形成了一种无形的文化凝聚。

第五节　贯彻执行

前面几次提到，在目标和成果之间，有一个重要的转换器——行动。任何好的想法，只有通过行动，才能够转变为现实。与付出这种心态相对应的领导技巧是贯彻执行，也就是人们的行动力，付出让人们在心态上愿意去行动，贯彻执行则是在行动上真正落实。

不少人有很好的想法，也能够拟定出清晰的目标，可就是无法办到。企业成员在展望愿景和制定目标的时候信誓旦旦，企业的氛围里充满着雄心勃勃，可是成员们最终却永远达不到目标。这是什么原因？

　　小到一家企业，大到一个国家，有详细的规章制度，有完善的安全条例，可安全隐患无法杜绝，安全事故屡禁不止。人们在各种场合都说人的生命最重要，要把人放在第一位，可是每年还是接二连三地出现煤矿塌方吞噬生命的重大事件。这是什么原因？

　　很多公司设计了时尚而完整的企业形象系统，提出了令人耳目一新的愿景，喊出了振奋人心的口号，领导者为蓝图中的公司激动万分。然而，企业的成员对此无动于衷，他们听说过公司的愿景，却从来不知道愿景的真正意思，他们觉得公司新换的形象很"养眼"，但不了解它有何含义和意图，他们偶尔也会喊喊口号，不过那一定只限于在公司的宣誓大会上。是什么导致了策略和现实之间的差距？在中国的东北，有一家大型的国有企业，因为经营不善导致破产，后来被日本的一家财团收购。出乎意料的是，财团只派了几个人来，除了财务、技术、管理等要害部门的高级管理人员换成了日本人外，其他的人员根本没有变动。制度没变，人没变，机器设备没变。日方就一个要求：把以前制定的制度坚定不移地执行下去。结果不到一年，企业就扭亏为盈了。日本人的绝招是什么？

　　以上的问题有一个共同的答案：执行。

　　好的想法并不一定带来好的结果。人们往往在策略和现实、目标和成果之间搭上了直通车，现实不如意就反思策略，成果不理想就检讨目标，忽略了两者之间的关键过程——执行。当决策没有得到切实执行,当目标没有被达到,领导者习惯从组织结构、流程管理和企业文化等方面寻找答案,很少有人解剖执行的情况。真正的问题不是策略和目标,而是执行不力造成了距离。

人本教练模式的精髓不是懂得概念,而是通过行动将概念发挥出来,以行动来展现执行力,从而创造出成果。教练型领导实践计划(简称T-Action)是将目标转换为成果的一个工具和过程,整个T-Action架构不断支持被教练者行动、行动、再行动,通过实践提升领导素质和能力,以成果来见证进步。

一个快速有效的行动来源于细致周密的目标计划。首先是清晰愿景,真正想要的是什么?想要达到的目标是什么?其次是制定目标、行动和成果的关联网,以表格的形式直观而明确地表达出来;第三步是排列优先顺序,此时将焦点放在行动上,在一连串的行动项目中确定启动的先后顺序;第四步是明确时间性,将目标、行动和成果赋予明确的时间,为它们设定一个截止日期;第五步,可以制定更为详尽的目标、行动和成果的关联图,比如制订一周的实践计划。

执行就是将上面所制定的关联图,按照先后顺序和设定的时间,一步步地完成。执行力如何,可以用关联图来检视,完成的程度越高,执行力就越强,相反就是执行不力,当然,不去实践的人,是谈不上执行力的。关于执行力的具体要求,华润零售(集团)有限公司总经理说出了一个量化的标准:100%的人在100%的时间里,按照100%的标准,100%地执行以达到100%的目标。教练交叉运用激励和挑战两种方法，来促进对方的行动。激励的目的是协助对方发掘自己的优点，激发对方完成任务的意愿，肯定他所创造的成果，增强他去完成任务的自信和动力；挑战的目的是支持对方冲破自己的限制，发掘更多的可能性，挑战对方比预期做得更好。

在对方执行力下降，或者犹豫不决的时候，挑战的作用比较大。此时不是挑战对方的概念和理论，而是挑战对方的行动，让对方给出明确的行动宣言，包括："你会采取什么行动""你下一步要达到什么成果""最快是什么时候做到""具体成果是什么"等等挑战内容。挑战不是质疑和恐吓，而是看到对方的可能性而引发对方看到愿景，要求对方在行动上做到卓越。

贯彻执行中有一个重要的区分，区分"不想做"和"不能做"。"不为"和"不能"是两个不同性质的情况，《齐桓晋文之事》对此有明确的阐述，孟子对齐宣王说："挟太山以超北海。语人曰：'我不能。'是诚不能也。为长者折枝，语人曰：'我不能。'是不为也。"当人们"不想做"，那就是调适性的问题，如果不能洞察"不想做"的真正原因，解决不了这个内在的问题，那就谈不上执行力；当人们的执行力受"不能做"的影响，就要加强他们的技术水平，从技术上寻求突破，同时在调适上也不松懈，毕竟"不能做"会让人们产生"不想做"的念头。

执行力是什么？《执行力》一书认为：执行力是一种纪律，是策略的根本。执行力是企业领导人的首要工作。执行力必须成为组织文化的核心成分。企业的执行力不强，主要有几个方向的表现：第一，在执行决策方案的过程中，标准逐渐降低，越到后面就越远离原定的标准；第二，执行计划的过程中，经常出现延误，有些工作甚至不了了之，严重影响了计划的进度；第三，在执行政策的过程中，随意性很大，执行的力度越来越小，甚至虎头蛇尾，没有成效。

执行力不强是企业的"软肋"，领导者以为尽心尽力、胜券在握了，满怀欣喜地等待成果，等来的却是意外。执行力低下的原因有很多，总结起来有几个主要因素：领导者只重策略，不重执行；领导者朝令夕改，员工无所适从；制度设计烦琐，无法可依；流程复杂，造成策略衰减和变异；员工缺乏能力，无法执行；奖惩不分明，执法不严；缺乏监督机制，违者不究；对执行力的评估缺位；没有建立执行力文化。

领导者做正确的事，管理者把事情做好。策略可以商榷，目标也可以探讨，但是，一旦决定要执行，执行就是没有任何讨价还价余地的彻底而坚定的过程，就像古人所说的："军中无戏言""令出如山倒"。

第六节 有效授权

有效授权包含两层意思。第一，授权，授权是基于一种信任的心态，缺乏信任的人，不会采取授权的领导方式，而是将权力牢牢地控制在自己的手中。第二，有效，无效的授权会浪费资源和时间，甚至会产生风险和危机，授权的有效性在于授权者有策略，相信自己能够处理授权带来的所有问题和任何意外，说到底，还是对自己的信任。

控制的最大可能性，是控制者成为权力的中心，也变成了制约企业发展的核心屏障，其他积极的可能性的产生，有一个重要的条件，那就是看控制者有什么可能产生。很多时候，并不是控制者期望产生什么可能，就会出现这种可能，经常出现的情况是产生了控制者竭力回避的消极可能，比如员工因为不甘于在控制者的阴影下生活，选择离开企业。

授权是为了创造出新的可能，授权者给别人机会，也给自己机会。当他把权力授下去，也将责任连带授出，他可以有时间思考更大的事情；被授权者肩负重任，得到了施展拳脚的机会，也得到了成长的空间。授权的出发点是对方的成长，以交接权力和责任的方式来完成目标。授权者知道，通过这种方式，可以有效激发他人的潜能和能力，产生的可能性是无法想象的，因为可能性产生于对方的创造之中。

在权威性的组织中，上级发号施令，下级遵照执行。下级基本上是顺从和迎合上级的需要，上级叫干什么，下级就干什么。上级以权威和命令的状态对待下级的顺从，反过来，上级同样以顺从的方式来应对更高的上级。上下级之间好像是共生的一个人，而不是有内在联系，却保持自主性的独立个体，可能性就这样被框定在一个狭小的范围。

权威不可动摇，因此，下级的努力方向是取悦上级，只有这样，才能获得认可和鼓励。当然，鼓励是以依从为条件而获得的，下级不能有独立的判断、思考和决策，他们只会做上级要求他们做的事情，甚至表现出更强的依从性。人有了依从性，创造力就逐渐萎缩。

　　检验你与下级之间是否存在这种依从关系，依从的程度有多大，有一个简单的方法，就是休假离开你的工作，看看会发生什么。如果你离开后，除非有一个人代替你的工作，否则便会一团糟，那么你们的关系就是依从的，糟糕的程度越大，人们的依从性就越强。依从性表明你的领导方式是控制。

　　依从性让双方都产生挫折感。上级获得了使用权力、控制他人的快乐，却为没有人分担重任而苦恼。下级则产生无能为力的挫折感。如果一个人在组织中没有下级，那他全部的时间就会保持在依从的位置上，挫折感更强烈。挫折感从下向上在组织中蔓延，形成了组织的总体感受："我什么也不能做"，企业的总体氛围不是自主性的投入，而是被动性的服从。

　　授权是提高人们自立性、发挥创造力的方法。授权有什么效果？如果你休假回来，发现人们已经完成了他们自己的工作，他们不需要任何具体的指令，主动地计划和行动，没有完成的工作只是你负责而别人无法替代的事情。企业的运作好像你没有离开一样，人们只要多做一些努力，就能弥补你缺席所造成的损失。此情此景，显示你的授权很成功。

　　通过授权，授权者将庞大的企业目标轻松地分解到不同的人身上，将责任过渡给更多的人来共同承担，让人们更加投入地工作，产生了"四两拨千斤"的强大力量。被授权者增加了自主性，体验到了责任心，提高对工作的能动性，增强了自我管理能力，获得更快的个人成长。授权为组织带来了较高的激励水平、高效率的团队和满意的业绩。

对于不敢授权的被教练者，教练着力于帮助他看到权力的本质。

第一，权力与钱有相同的属性，如果把钱藏起来，不让它流通，钱就没有了使用价值，钱的价值在交换的过程中产生。同样，手握权力但不让权力周转，那权力的力量也得不到发散。授权就是将权力进行扩散和周转，众多权力的分流将壮大授权者的影响力。控制者控制了权力，从另外一个角度来看，他也被权力控制；授权者与权力建立了一种健康的关系，突破了权力的限制，让权力成为动力。

第二，授权不等于放权，并不是把权力授给其他人后，授权者就失去了对局面的把握，倘若那样，不是授权，而是盲目放权。授权的同时，有严格的监督体系，以检视权力运用的情况，降低或规避风险。授权反映了信任的心态，监督则是技术性问题，两者相结合，授权更加有效。

第三，授权者的掌控力最终不是靠权力，而是自身的影响力。不少人担心授权以后，权力转移到他人身上，自己将被抛弃，这是对自己缺乏信心。授权者通过自身的不断增值，来扩大影响力，所以，授权是投资别人，授权者还需自我投资。

组织行为学者根据工作行为和关系行为两个维度，提出了四种特定的领导行为：

一、命令（高工作——低关系）：由领导者进行角色分类，并告知人们做什么、如何做、在何时、何地去完成不同的任务。它强调指导性行为，通常采用单向沟通方式。

二、说服（高工作——高关系）：领导者既提供指导性行为，又提供支持性行为。领导者除了向下级布置任务外，还与下属共同商讨工作的进行，比较注重双向沟通。

三、参与（低工作——高关系）：上级极少进行命令，而是与下属共同进行决策，领导者的作用就是促进工作的进行和沟通。

四、授权（低工作——低关系）：领导者通过授权鼓励下属自主做好工作。

如何运用上述不同的领导行为，要视下属的成熟度。成熟度指人们有意愿和能力完成某项特定任务的程度，一般分为四个等级：一、人们不能也不愿意去做任何事情；二、人们不能胜任但是愿意承担必要的工作任务；三、人们能够做但是不愿意去做；四、人们既能胜任也愿意完成对他们要求的任务。领导行为与下级的成熟度匹配，才能产生最佳的效果。当下属的成熟度是第四种，处于相当成熟的阶段，授权的效果最好。

很多人错误地将委派当成了授权。委派是以命令和说服为主，只是委派了任务和目标，对方的责任不强，也缺乏主动性，责任还是在领导者身上。授权的核心是授予对方责任和主动权，让对方有做主的空间，鼓励对方采用自己的方法去完成目标。

授权是有效地将工作转交给他人，这是一个双向的过程，需要协商和沟通。授权有以下的步骤：一、解释任务及其对整个机构的影响；二、讲清楚任务主要的预期结果及衡量标准；三、商定各人的角色及责任；四、确定所需资源；五、回顾要点，确保对方理解正确；六、商定日期以检查进度。

仅仅知道上述步骤是不够的，还要满足一个重要前提：伯乐还需千里马。只有找到合适的人，授权才可能最有效。

第七节 团队建设

"你赢、我赢、大家赢"的共赢心态，让人们为了一个个共同的目标，能够组建成不同的团队。团队至少有两个功能。

第一，可以做一个人不能做的事情。人的精力和能力是有限的，不可能独自承担所有的工作。而有一些事情，一定需要团队合作才能完成，像搬动大的物件，一个人是无法移动的，像开一家餐厅，一个人只能做其中的一部分工作。无法想象一个人如何演奏交响乐，一个人如何修建地铁。

第二，团队的创造力大过其中的个人，可以取得比个人行动更大的效果，最终将蛋糕做大。由于团队存在，人们可以一致行动，能够产生1加1大于2的合力，团队协作可以进行广泛的、多种系列而又非常复杂的产品生产和服务。

教练在反映对方的信念和心态时，要帮助对方看到，他生活在团队之中，他的信念与心态影响着他个人的行为，更影响着他与团队的关系，影响到团队的创造力和成果。事实上，任何一个人都是生活在团队之中。也许有人会说，这个说法不对，我是SOHO一族，平时是独行侠，没有团队。仔细想想，SOHO也是有团队的，只要他去做事情，就会与人合作，组建成为团队，哪怕这个团队是松散型的，它也是确确实实存在着的。每一个人还有一个更重要的团队，那就是他的家庭，尽管家庭是非企业组织，存在的终极目的也不是赢利，但家庭的确是一个团队。

教练反映被教练者在团队中的表现和位置。一般来说，人们在团队中有四种表现：浪荡玩票、置身事外、但求不败和尽心致胜。人本教练模式利用360度回应来真实地检视和反映团队成员的表现，帮助他们看清楚自己的位置。教练反映的真实情况，与被教练者自己认定的情况，经常会出现差距，个人总是将自己的表现定得更高，这是因为人们非常相信自己，可事实上不是这样，这就是信念上的盲点。

教练还反映被教练者与团队成员的关系，包括如何看待团队，如何看待他人，如何看待合作的意义和形式等等。对一个团队来讲，相互之间的关系与要完成的目标是同等重要的，按道理，只要每个人充分发挥他的技术和能力，团队就有可能完成目标，可是并不是每个团队都能取得满意的成果。如果成员之间存在调适性问题，比如老是计较谁干多了、谁拿少了等问题，在关系上出现了矛盾，那就会产生强烈的干扰，影响人的能力发挥，延迟甚至阻止目标的实现。

人在团队中的干扰主要来自对相互关系的看法和心态。人们既然组建成了团队，对共同的目标最多持商榷的心态，而不会去怀疑和否定。但是由于个人的喜好和选择，对其他的成员就有可能产生怀疑和否定，这种心态只会破坏团队的关系，降低团队的生产力。团队中经常出现的内耗现象，不是成员在技术上出现问题，而是在关系上出现了问题。解决的办法是反映真相，帮助对方看到是什么因素令这种情况出现，它将产生什么结果，用什么样的方式来解决。

一个人在不同的团队中，表现也会不一样。有人在团队中浪荡玩票，做事不用心，没有责任感，一副混日子的散漫状态，成绩平平，让人感觉他没有什么能力。但是换了另外一个团队后，马上精神焕发，做事非常投入，创造力也很强，业绩出众，周围的人对他的尽心致胜给予很高的评价。人还是那个人，能力不会突然增强，起作用的是他对新团队的看法转变了，干扰得到降低，潜能显现出来。在现实中，并不一定所有的团队都产生1加1大于2的效果，只有将相互之间的关系调适到最佳状态，效果才会最大化。调适的一个方向是共赢的心态及共赢带来的价值。

团队除了能有效达成目标外，还有很多"额外产出"：团队提供很多面镜子，其中的任何人都可以从他人身上学习；团队将不同的能量互补搭配，进行能量的均衡和平衡；团队使成员之间产生吸引力，催生责任感，并且塑造忠诚度；团队为各显神通的成员提供一个大的平台，为他们铺设了比个人力量强大的背景，背景提升个人的信心；团队激发个人的奉献感，有的人为自己做事的动力不大，但是只要是为团队做事情，就会有一种使命感，热情迅速高涨；团队给人们提供了更大的自我肯定，满足了马斯洛所说的人的最高需求——自我实现的需要；团队也是无形的监督体系，让每个人自尊和自律。

很多人经常费力思索未来,团队具有更大的能力为个人"预见"未来。建立团队的好处很明显:每个人都站在"巨人"的肩膀上,视野范围扩大,洞察力增强,"巨人"就是团队成员共同搭建的统一体;在团队中,知识能够有效地传播,就像一个农民引进了新的水稻品种,不会把其他农民埋没掉,而会将种植新品种的技术教会其他人,团队可以将最好的方法推广给团队中的每一个人;个人随着团队的成长水涨船高,个人的力量得到放大,个人品牌的含金量增加,对未来的"预见"和把握更强。

建立团队是实现共赢的一种有效方法,团队可以实现某个任务,同时满足团队成员的需求。成为团队不是最终目标,要使团队发挥作用才是最终的目标。俗话说:一个和尚提水喝,两个和尚抬水喝,三个和尚没水喝。三个和尚建立团队,其目的是为了更有效地从井中取水出来喝,结果互相推诿,三个人的合力为零,只是个体的简单堆砌,毫无实际意义,当然不是有效的团队。

每个团队都会发展出一些没有明文规定的行为规范,并影响成员遵守。规范是很重要的,它能够协调团队成员之间的关系,增强团队行为的可预见性。比如,美发机构是一个团队,人们可以从中看到这些规范的影子,美发师的发型、服务员的服装表明了这个团队成员追求的外表模式。一些开发软件的团队,他们有一套自己才明白的语言系统,在非工作上的一些行动会约定俗成。团队的规范表现在任务、态度、内部制度、非正式目标,以及外观和语言等方面。

成员在多大程度上遵守规范，显示出团队的凝聚力。一个有吸引力的团队，团队的凝聚力就高，规范被严格地遵守。形成凝聚力的核心因素是成员具有一种主人翁的心态，不是把自己与团队分隔开来，而是由衷地认为团队是我、我就是团队。教练帮助对方清晰他的真实心态，看到自己与团队之间的关系。

不能把达到目标视为团队成功的唯一标准。如果团队的凝聚力不高，成员缺乏忠诚度，如果成员遵从的规范不是从正面影响到工作的可靠性，那么，即使达到目标，也不是成功的团队。凝聚力是团队可以延续的财产，有凝聚力的团队，人们乐于在一起工作，一个任务完成后，成员们不愿意散伙。也就是说，有效的团队很可能在未来再次成功。

第八节　积极沟通

感召是以沟通的手段来完成的，感召所表达的感化和召唤这两个意思，无一不借助沟通这个工具来实现，它们包含了语言沟通和非语言沟通。感召的出发点是印证，人们言行一致方能感化他人，人们印证理想才会召唤成功，印证是语言对听觉的沟通，也是行动对视觉的沟通。

作为重要的领导技巧，沟通贯穿于教练的始终，教练能力中的聆听、发问和回应，均是沟通的重要工具。教练能否进行，教练是否有效，人们能不能感召到他人，取决于沟通是否有效和有价值。

人类自从发出第一声啼哭开始，就一直以某种形式在沟通。沟通是人与人之间互相了解的唯一方式。有人做过研究，人处在觉醒状态，有70%的时间是在进行各种沟通，沟通的重要性由此可见。人本教练模式不去探讨沟通的定义和概念，重在探索沟通中的一些关键技巧，以供教练用于实践。

人们容易忽略，但至关重要的是沟通的出发点。不少人认为沟通很简单，无非就是把想法告诉他人，说完了，沟通就结束了。沟通的过程的确这样简单，有人说，有人听，听说结束，沟通完成。但是，沟通的关键不是你说了什么，而是对方听到了什么。这里面可能有很大的差异，哪怕是两个人近距离面对面地沟通，对方听到的也不一定是你所说的。

对方不是根据你说的内容，而是根据他听到的内容来决定是否接受你的沟通。如果对方不接受，就会抗拒，抗拒并非一开始就抗拒你说的内容，而是抗拒你的出发点，连带将内容一起拒绝掉。在父母和小孩的沟通中，这种情况经常出现，父母要求子女改掉某个不良的习惯，苦口婆心，就是没有效果，到后来，父母只要提起这件事情，孩子就逃避和抗拒。某一天，因为其他人的一句话，孩子马上就改掉了习惯。

同样的内容，经过不同的人说出来，就可能产生不同的效果，微妙之处是说话者的出发点，出发点包含在表述方式、语气和神态等沟通形式之中。抗拒者经常是先抗拒形式，再拒绝内容，因为在他的接收系统中，形式成了真正的内容。

与别人沟通前，先进行自我沟通，可以增加沟通的有效性。自我沟通是对自己进行定向，包括清楚沟通的目的，用什么样的心态去沟通。心态和目的定位好后，出发点就不会出现偏差。在沟通的过程中，要给自己做区分，也要从对方的反应中照镜子，看看沟通是不是按照定向的目标和心态在进行。

沟通中要尽量少做假设。当你把假设当成事实来沟通，会让知情的人产生逆反心理，认为你很虚假，不愿意听你说的其他内容。假设和可能性是不同的，假设是将没有的东西认定是那样，在这个基础上进行推理和判断，而可能性是探索，仅仅是可能性，是没有发生但是有可能发生的事情。沟通可能性可以打开思维的宽度，为沟通增加更多的价值。

有效沟通有三个指标：准确性、实时性和效率。实时性和效率的达成依靠即时沟通。沟通的效率需要一种状态，人们在状态之中，接收速度会比平时快很多，在事情发生的当下，在对方有体验的那一刻，将要沟通的内容说出来，会引起对方内心的共鸣，轻松地打开了接收的空间。如果等事情过去了一段时间，再翻出来沟通，等于是让对方从另外的状态进入以前的状态，这需要时间，也有一定的难度，还可能给人留下啰唆的印象。最好的方法是即时沟通。

沟通一种价值，比沟通一种内容更容易让人接收。领导者对下属说"你一定要完成目标"，这是在沟通内容；领导者换一种沟通方式，与下属探讨完成目标对他有什么价值，效果就会不一样，下属可能因此从被动变为主动，积极性和表现都会提高。产品销售前的宣传是沟通，越来越精明的商家，给产品赋予了功能以外的价值，将重点放在价值宣传上,取得了比单纯宣传功能强数倍的沟通效果。

其实,沟通价值与沟通内容,往往不是沟通目的不同,而是出发点的差别。突出内容的沟通,说的是"我怎么样""我的产品怎么样",重心在自己或者在产品本身;突出价值的沟通,说的则是"你将如何""这个将给你带来什么",重点在对方。任何产品的沟通,最终结果都是将产品卖出去,价值沟通的最终目的也是让对方接受内容,明白这个道理后,就不难明白商业上的这条有效规则:利益比内容更容易推销。

在一些特定的场合,非语言沟通是沟通的最佳手段。领导者对员工的突出业绩由衷地竖起大拇指,表示鼓励和赞扬;领导者在公众场合拍拍员工的肩膀,表示关心和亲近……一个眼神,一次点头,这些动作的效果有时候远远胜过言语的鼓励。在古代的战场上,非语言沟通是决定性的力量,"言不相闻,故为之金鼓;视不相见,故为之旌旗"(《孙子兵法》),军队在夜间作战的时候,多用火炬和锣鼓来号令,在白天作战,多用旗帜来指挥。沟通工具不一而足,目的只有一个,就是准确、及时而无误地让所有人接收到行动的命令。

沟通的类型有单向沟通和双向沟通。两种类型各有利弊,单向沟通传递信息的速度快,容易保持信息传出的权威性,显得有秩序;它的不足是接收的准确性差,实际效果不好,接收者有时候会产生抗拒。双向沟通的信息传递有反馈,准确性高,容易保持良好的气氛;双向沟通也存在不足,沟通速度相对较慢,容易受到干扰,条理性和秩序不够,发送者会因为对方的质疑和挑剔而存有心理压力。

辨别组织沟通中的误区，有助于提高沟通的有效性。

误区一，认为沟通越多越好。那些以"我只讲10分钟"为开场白，结果却天南海北地讲了两个小时的领导者，他们的沟通效果只能是自言自语。冗长的会议和无关的语言将带来心理上的疲惫和抗拒。

误区二，认为沟通困难是产生组织问题的原因。恰恰相反，沟通困难常常是组织问题的症状或结果，因此要找出真相，辨明原因。

误区三，运用沟通来解释事情的某种倾向。比如以偏概全，然后把结论沟通出去。这是一种随意贴标签的行为，只能使事实混淆。

消极的沟通将导致问题的产生，而不利于问题的解决；消极的沟通导致员工情绪低落、失去动力，并且在企业中蔓延，形成消极的企业氛围。领导者的责任就是运用教练技术和沟通技巧，为沟通转换方向，将它从消极的方向引导到积极的轨道上来。无论接收者是谁，在沟通中有一点是很重要的。生命宝贵，时间有价，别人为什么会花时间听你说话？换位思考后，沟通的信息发送者不得不考虑这样一个问题：我的沟通能为别人带来什么？我的建议是为了对方的利益吗？

显然，有效沟通的诀窍就在其中。

第九节　创新思维

创新思维是一种思维方式，也是人们开创可能性的技巧。我们知道，可能性这种心态是因为空，出发点是谦虚，它的表现形式是探询的姿态，这一系列内外结合的过程，可以通过创新思维来实现。可以这么说，缺乏创新思维这个技巧，可能性就大受局限。

教练在这个技巧上，首先要帮助对方看到，不同结果的分水岭，其起源就是人们的思维方式。很多人都知道卖鞋的故事。有两个商人去非洲推销鞋子，当时的非洲很落后，人们光着脚走路，没有人穿鞋子。其中一位商人见了，认为这里的人太落后，根本不需要鞋子，向非洲人卖鞋子没有市场，于是打道回府。另一位商人却很兴奋：非洲没有人穿鞋子，也没有人卖鞋子，市场多大啊！于是他开始耐心地推销，后来成为非洲最大的鞋子经销商。因袭传统的商人失去了手边的机会，大胆创新的商人创造出了新的可能性。

创新带来可能性，触手可及的例子是互联网。互联网刚出现的时候，社会的普遍看法是怀疑和观望，很多人认为这种新的模式不会成为人们的主要沟通方式，包括当时中国的一些知名企业家对此也不看好。几年时间，人们的工作已经离不开互联网，他们依靠网络渠道来收发信件、沟通信息，以及获取资料。在互联网浪潮中抢占先机的人，都是那些大胆思考、大胆行动的年轻人，他们依靠创新迅速成长为市场的新主角，他们的创新改变了人们的沟通渠道，给人们提供了新的满足感。

创新首先是一种思维的创新，创新的种子在人的脑袋中，人人都有创新的能力。卖鞋的故事说明了这一点，可能性产生的最初触发点不是技术，不是管理，也不是组织再造，而是对一个新市场的创新思维。当然在以后的过程中，那个商人会逐步实施各种创新，否则就不可能长期引领市场。企业如果忽略了创新的起点，一味地推动技术创新、管理创新和营销创新，很可能成为一种形式，表面上轰轰烈烈，实际上没有变化，"创新"成了企业自我标榜的一个漂亮口号。

对那些世界顶尖的创新者，思维永远走在技术的前面，对那些缺乏创新的人，技术拓展了思维和视野。风靡全球的电影大片《黑客帝国》《指环王》，其宏大的场面、逼真的电脑特技吸引了各种肤色的观众，成为世界电影文化的旗帜。电脑特技是技术的创新，但是如果设计师没有好的想法，是制作不出超出常人想象的特技的。

教练可以从另外一个角度照镜子，帮助对方看到缺乏创新的情况。缺乏创新的思维方式，有其共通的一些行为特征。

第一，看到问题，马上寻找答案。人类是善于归纳和总结的，这也是人类能够进步的一个原因。不过，归纳和总结的习惯，让人们很快形成一定的思维方式，以后就沿着这条轨迹思考，思维受到限制。

第二，看到现象，马上进行判断。人们习惯用一定的标准来衡量各种现象，会在视觉反应之后，得出对错的结论，几乎每一个人都喜欢在思维中玩这个游戏。当人们有判断的标准和结论后，思维就被固定在标准上了，不会去考虑更多的可能性。

第三，看到人，马上框定角色。如果没有例外，人们初次见面，问得最多的一句话是："你是做什么的？"问者并不一定关心对方工作的内容，而是关心对方的角色和身份，然后根据职业将这个人进行框定，在框定的范围内再对他进行判断。人们不仅擅长为别人框定角色，还善于为自己框定角色，以为框框中的形象才是自己的形象。

出现上面三种情况，教练帮助对方暂停，将思维扭转到其他角度：看到问题，不要着急去寻找答案，能不能看看问题的边缘，或者想象问题与其他本不相关的现象有何联系；看到现象，不要立即判断，而是饶有兴趣地观察现象，想一想现象背后的原因，大胆地设想现象将产生的结果；看到一个人，不要迅速进行角色框定，可以想一想，他如果去做不同的工作，或者扮演一个反面的角色，将有什么情况发生。

创新思维的基础是可能性的心态，可能性的实现依靠创新思维的技巧。在创新思维中，有三个可以检视的原则：第一，没有独一无二的答案。如果你想到的答案是独一无二的，那你的思维就被局限了。第二，没有相同的事物和现象。西方古代哲学家赫拉克利特说，"人不能两次踏进同一条河流"，因为当人第二次进入这条河时，是新的水流而不是原来的水流在流淌。只看到一条河流的人，看不到"一切皆流，无物常住"的道理，只看到相同的事物和现象的人，思维是固化的。第三，没有永远不变的定律，世界上所有的东西都在变化，包括各种定律，视定律为永恒的人，他的思维缺少变化。

创新思维与人的心态和状态有关，人在压抑的状态下，或者在封闭的心态中，创新涌现的可能性就小。教练可以创造一个氛围和环境，激发对方的创新思维，当对方感到乐观和放松，思维就容易发散。另外，童心、胆色和尝试等心态也有助于思维创新。

创新思维可以训练。心理学家贝尔纳曾经说过："阻碍我们学习的最大障碍是已知的东西，而不是未知的东西。"训练时，首先要有创新的信念和心态，愿意看到思维的盲点，愿意从不同的角度思考问题，其次才是运用各种方法。在这里简单地介绍九种提高创新思维的训练方法：

一、添加，在任何一种物质上添加过去未曾想到的功能，手机安装摄像头是一个例子；

二、归纳，电视台推出了新闻、经济和体育等专题频道就是归纳的结果；

三、组合，将两种东西组合起来，研究出一种新的、有附加值的开发手法；

四、联想，将令人觉得意外的事情连接起来；

五、分开，将好像有某种关系的现象分开，推翻两者之间并不存在的因果关系；

六、颠倒，颠倒思考模式，会有新的收获；

七、延伸，米老鼠的形象延伸到各个领域，甚至进入汽车用品市场；

八、迂回，出口转内销的迂回战略曾经成就了一批中国本土企业；

九、回到根本，回到问题的最初，摒弃从前的想法，让思想回到根本，人本教练模式就是从技术性问题回到了"人"这个根本。

"创新"创造出新的可能性，因此，"只有一个正确答案"的思维是在限制创新，"这不合逻辑"的思维是在扼杀创新，"这不是我的领域"是逃避创新，"我没有创造力"是不敢创新，"别傻了"的思维是嘲笑创新。这些思考习惯都是创新的误区，打击的是创新思维，得到的是不可能。

突破九点框框，人们的思维得以创新，产生了连接九点的奇迹。人本教练模式最终的目的，是帮助人们打开思维的框框，开发出各种新的可能性，在生命计划中走出自己的无路之路。

随着教练业在中国 20 多年的发展,《人本教练模式》也在 2017 年第五次出版。教练技术从 1995 年的第一代版本,到今天,当中经历了不少故事,这些故事不止展现了教练业在中国发展的历程,更重要的是通过这些故事,让热爱教练技术的朋友从中领悟教练精神,更进一步地将教练精神生活化,扩大积极生态圈,造福社会群体,这就是我接受出版商邀请写这篇后记的目的。同时,在此介绍在中国教练业发展的路上做出不同贡献的人士和他们的成就,以此作为一份敬礼。

教练业在中国的缘起

穷诸玄辩,若一毫置于太虚;竭世枢机,似一滴投于巨壑——人本教练从第一代开始就行走在不断提升的路上,从没歇息,到了如今亦复如是,以后也一样……

2011 年《人本教练模式》第三次出版,我写了一篇再版序言,介绍了我的成长经历及从商界切换到教育培训行业的原因。这个原因很简单：让中国人做得更好。这也是中国教练业的缘起。

1991年我离开加拿大商务官的职位，目的就是想成为一名导师，通过个人成长培训(Personal Growth Training)帮助中国同胞开发更多的个人潜能。因缘际会，我被邀请到美国学习，成为体验式培训导师。当时这种体验式培训在美国已经有二十多年的历史，但是对于亚洲人来说，这还是一门很新颖的个人成长训练。在没有工资、也没有任何条件能保证我会成功学会这门训练的前提下，我背起行囊，踏上一条未知的旅程。在这段旅程中，我看到很多体验式培训的弊病，也是这些原因更坚定了我走这条路的决心。这些故事都会收集在我日后出版的自传当中。这段旅程也帮助了五年之后的我思考如何创造一门适合华人文化的教练技术培训课程。

从美国学成归来，我兢兢业业帮助一家亚洲体验式培训公司在香港发展壮大个人成长培训业务，希望有一天这家公司会把业务发展到中国内地，可惜公司的步伐却朝着亚洲其他国家走。心系神州，我按捺不住心中的渴望，于1995年秋天决定走一条少有人走的路——在加拿大成立汇才人力技术有限公司(以下简称"汇才")，和几位同样有中国梦的香港朋友一起，开始实现我们的理想。

如果你阅读过复旦大学创业学的教材，你会从书中的案例了解到汇才这家公司成立的时候只有60万港币的资金，员工只有一个，那就是本人。我既要承担导师的工作，还要研发课程、培养义工和员工，每天就在那不到35平方米的办公室努力创造，情况不至于焦头烂额，但也绝对是晨昏颠倒。尽管当时我和我的伙伴们都有一致的理想，就是要通过培训支持祖国的发展，但是如何做、做什么都还没有清晰的定位。那个时候我有足够的体验式个人成长培训经验，但是我也清楚体验式培训的不足之处。学生往往在学习期间热情高涨，但是培训期过后，就会慢慢泄气，有些甚至打回原形。我希望学生的学习能够持续，并且可以有效应用在生活当中。课堂的虚拟体验并非最终的目的，生活中的提升才是根本。带着这样的信念，我终于寻找到一条可行的路径。

当年互联网刚刚兴起，不过已经足够有效传递世界不同角落的信息。汇才的伙伴当中有一位高科技的专业人士，有一天他兴高采烈地让我在网上看一些资料，他认为这些理念跟我想要的相通，那就是Coaching（教练）。当时在香港乃至整个亚洲都没有"教练培训"这个概念，在北美带头推广教练的机构以托马斯·伦纳德（Thomas J.Leonard）为首，不过那时也只不过是二十几个教练在努力普及教练培训。当时在亚洲可以寻找到有关教练的书籍不超过5本，都来自于海外，可参考的只有伦纳德的理念和英国约翰·惠特默(John Whitmore)的GROW模型(个人教练的基本模型)。这些教练培训的理念都比较着重Doing(如何做)，即通过行动去改善人的行为模式。基于我对体验式训练的理解，我认为内外兼修会更为有效。但是无论是体验式训练也好，北美的教练培训也好，都扎根于西方文化，而教练本身关注的是人，如果不能跟本土文化接轨，就会影响对话的效果。工欲善其事，必先利其器，创造一套适合华人文化的教练技术势在必行。

W. 钱·金（W. Chan Kim）与勒妮·莫博涅（Renee Mauborgne）在 2006 年出版的《蓝海战略》强调价值的重塑和创新，能够超越竞争的成功的企业不是去挖掘自己的顾客需要什么，而是研究非顾客的需求。在 1995 年的中国，不要说培训业是一片蓝海，教练技术根本是无人之境。当时我不知道什么是蓝海，只是想要创造一种有益于华人的培训，如果我曾经做过市场分析，我想教练技术这个传奇在那时就已经夭折了。我对这份理想的追寻才是后面一切的动力来源。无边无际的大海会让人生畏，但是对既喜欢创新又喜欢冒险的我来说，可以在一片空白地带乘着理想的翅膀飞翔无疑是件天大乐事。

首先我搭起了第一代的教练技术培训框架，即以"CCCP"为名的教练理论课程教授教练技术，结合以"城市精英"为名的个人成长训练作为辅助。如果大家熟悉前苏联的俄文名称，就会知道 CCCP 是前苏联的俄文简称。这是为了纪念人本教练发展路上的一位英雄而命名的，他是我在美国学习体验式培训的俄罗斯同学华路迪亚·苏斌。他当年在前苏联社科院工作，是管理学博士，也是戈尔巴乔夫的智囊团成员之一，他的父亲是前苏联有名的科学家。苏斌是一个很睿智很勇敢的导师，他不懂英语，没有资金，在半年之内学会英文，感召了很多人资助他去美国学习体验式培训。我们虽然萍水相逢，但是艰苦的同窗生涯让我们建立起深厚的友谊。在我学成返回香港之前，我们一起共进欢送晚餐，餐后在星空下走回停车场，他让我想象一下未来五年我将会是怎么样的，会做什么。我当时毫不犹豫地回答他，我没有家，我将会带着我的行李箱走南闯北做培训。没有想到这个预言不仅仅预测了我五年中的状态，而是一竿子支去了二十多年，它引领着我走进了教室，还走进了监狱。

第一代教练技术——城市精英

美国一别之后，我回到香港为一家培训公司工作，而苏斌则回到莫斯科为他的同胞服务。直到 1995 年冬天，我去莫斯科寻找这位同窗。经过千辛万苦，我在一栋黑漆漆的楼房里跟一个只懂俄语的门房指手画脚比划了半天，然后被带到一个门禁森严的门外，门铃响起后，出来的就是苏斌。当时彼此都不相信这一幕是真实的，顿时相拥流泪，陪伴在侧的 Lawrence（梁立邦）也不期然流下感动的眼泪。阔别数载，苏斌已经成为俄罗斯大名鼎鼎的体验式导师，而我则开始摸索一条新的道路——教练技术。我将我的设想如数家珍地一一道来，苏斌也贡献了很多他的见解。就这样，第一代人本教练培训在一个陌生的城市诞生。苏斌不仅仅成为我的智囊团成员，还在初期不远千里定期从莫斯科来到香港协助培训，同时交流修正意见。苏斌后来也从体验式培训转向教练，他的教练主要对象是银行总裁和高管。

在香港练兵的第一代教练技术终于在 1997 年 3 月进入广州，我醉心的梦想终于实现，我自己承担第一班的训练导师，地址就选在当时广州环市东路的假日酒店。不知道是太过紧张，还是老天爷在考验我，训练刚开始不到两个小时，我胃里居然翻江倒海，继而呕吐不止，连走路的力气都没有。还好课堂里有一位女同学懂得些医护知识，现场帮我理疗，我才能继续站在我的舞台上。

第二代教练技术——人本教练 ACCP

第一代教练技术在广州发展缓慢，因为当时培训在中国内地还是处于用传统的方式讲课的阶段，而我们推广的又是看不见、摸不着的教练技术，甚至为了解释我们不是传统的教练，连"教练技术"这个概念都是自创的。辗转两载，从名不见经传到广受欢迎，教练技术从广州发展到深圳。就在大家不遗余力推广教练技术的时候，汇才遭遇第一起负面报道。本来默默耕耘、从不使用媒体广告推广的汇才猛然惊醒，我们需要通过媒体负责任地让公众了解我们的工作。我们做了一系列的工作改进，使媒体成为第二代人本教练的推手。

汇才传播部成立后，首要的工作就是积极反省沟通不善之处，从沟通细节着手，然后主动接触媒体阐述我们的工作内涵。在讲解过程中我们发现培训系列的名称并不能完全清晰表达培训内涵和目的，事实上"城市精英"经常被外界取笑为"城市苍蝇"，因为大家整天唠唠叨叨地感召身边的人参加培训，然后每一个人的体验和表达方式都不同，使得那些摸不着头脑的朋友给课程起了这样一个外号——"城市苍蝇"。当时"城市精英"已经稍有名气，深谙市场推广的专业人士都不建议改动名字，但是名不正则言不顺，言不顺则事不成，我决意将个人成长训练部分的课程名字更新为素质管理第一阶段（CT1）和第二阶段（CT2）。教练技术部分则正名为教练型领导实践计划(Technology in Action 缩写为 TAction，即 TA)，教练技术理论课程 CCCP 简称为 CP。这些名字取代了"城市精英"，第一代教练技术成为历史。

另外一个重要的修正，就是更清晰地宣传素质管理纯粹是个人成长训练，支持有意成为教练的人士提升素质的个人成长训练课程。完成CT1和CT2并非代表学生已经成为教练。事实上，当年汇才收到很多投诉，就是学生完成素质管理培训之后，尝试用训练的口吻教练别人而迎来的挫败，弄巧成拙。学生必须完成三个月的教练型领导实践计划加上CP教练技术理论，通过考核方可成为教练。而教练资格必须按国际准则，通过累积规定教练时数，加上进修其他相关教练课程，方可以循序渐进成为资深教练。当年汇才推行的ICES（International Coach Escalation Structure，国际教练资格晋升架构）就是按照国际标准，协助学生取得国际教练资格认证而设立的。关于招生，考虑到不同的学习风格，学生可以通过两个不同的路径进入教练培训，一方面我们鼓励未来教练可以提升个人素质，故此学生可以从素质管理进入教练培训，另外一方面是通过CP教练技术理论直接进入教练培训。为了使这个理念图像化，"人本概念"应运而生，表达了教练技术和素质管理的关系。

此外，虽然教练技术在2000年时已经经历了五个年头，但是在中国还属于新生理念，为了巩固人们对于教练技术的理解，我借助哈佛大学肯尼迪政府学院海菲兹博士的调适性领导力来讲解教练技术的实用性。海菲兹是我当年在哈佛认识的老师，他也是哈佛大学肯尼迪政府学院领导研究中心主持人，他在哈佛的调适性领导力课程每次都座无虚席。我有幸在他的门下学习和助教，这段缘分无意中夯实了人本教练的理论框架。至此，第二代教练技术 ACCP(Accredited Coach Certification Program) 框架已定，以后每隔半年审视并提升课程内容。

这次不大不小的公关危机促使我们向内检视，更加速了我们结盟国际教练组织交流分享经验的步伐。虽然移居海外多年，我一直认为深厚的中国传统文化有太多智慧可以贡献给教练技术。早在 1996 年，我去到美国纽约拜访伦纳德，当时伦纳德除了领导他的教练大学，还出资成立国际教练联合会 (ICF)。伦纳德不算是教练鼻祖，但他是第一个将教练推入培训界的人，教练业得以普及伦纳德居功至伟。我们素未谋面，伦纳德听着这个来自亚洲的女人娓娓道来她的理想、经历和创造了一套适合华人的教练技术培训的故事。他惊讶于正在北美积极推行的教练业，居然那么快已经在亚洲兴起。然后他由衷地说了一句：You don't need me(你不需要我)! 然后我也很自然地回了他一句：No, I don't need you(是的，我不需要你)。我跟他说其实此行的目的是交流性质，介绍我在亚洲的情况，希望大家在东西方遥相呼应，让教练业可以更快更蓬勃地发展。

此后每年我都会出席 ICF 在北美的年会，数年后我成为 ICF 首位华人董事，并且多次在 ICF 分享我在亚洲的经验，同时积极鼓励亚洲的教练成为 ICF 会员和认证教练资格，以此推动全球教练业的发展。之后汇才不但每年邀请 ICF 董事会主席参加在中国举办的教练论坛，也会组团参加 ICF 年会和展会，分享中国成功教练案例，把人本教练模式的理念推介给国外的教练，并且组织海外教练到中国学习人本教练模式和进行文化交流。与 ICF 亲密无间的往来，使人本教练的发展对国际教练业产生了积极的推动作用，同时我也认识了不少国际优秀的教练。2000 年，我在瑞士举行的 ICF 年会结缘教练界鼻祖添·高威，之后，汇才把他的故事"网球菜鸟在 20 分钟之内学会打网球"传遍中国。

　　面对这次公关危机，2001 年 6 月，三位重量级巨星人物——海菲兹、添·高威、苏斌齐集上海金茂酒店，为汇才主办的第一届教练论坛——"二十一世纪企业教练发展论坛"做主讲嘉宾。(下图是一张有历史意义的照片，海菲兹、苏斌、我和外子在上海西郊宾馆的分会场合照留影。经过一番努力，汇才终于安然渡过这次挑战，但这并不是最后的一次。

人本教练模式的诞生

2002年6月28日到7月4日是一段让人刻骨铭心的日子，汇才被南方一份主流媒体连续7天头版头条批评，还有无数网络转载（事件的始末会在我的自传里交代）。当时支持汇才渡过那么大难关的只有我心里的一句话：不能倒，不能失信于信任我们的员工和学生。这7天的经历让每一个汇才人快速地成长起来，也催生了第一版《人本教练模式》这本教练典籍，第二代的学徒计划也从这个背景下起航。一切的一切都是为了这句话：不能倒。不过，当时我无意识地在后面加上一句不该讲的话："我宁可我们做得很好的时候关门。"没想到后来竟然一语成谶！

无论我们做了多少推广，外界始终对于汇才经营的培训毁誉参半。为了教练技术可以健康发展，实现当初的中国梦，我愿意做一切我能做的，包括公开训练的核心理论和经营秘诀。我把所有的核心理念总结在《人本教练模式》中，同时创建了九点领导力——一个教练型领导可实践的有效心态的模型。此外，把汇才经营秘诀倾注在"感召营销"。第一版的《人本教练模式》在2004年正式出版，2005年繁体版在台湾地区出版，2007年简体版再版，2007年英文版 *The Power of REN*（《人本教练的力量》）由国际知名上市出版商 John Wiley & Sons 出版。《人本教练模式》简体中文版于2011年第三次出版，2014年第四次出版，2017年第五次出版。这本书支持了近百万热爱教练技术的人士和培训机构，也充实了ICF国际教练认证课程(2004年1月梁立邦从美国驻广州总领事曾同熙先生手上接过 ICF 国际教练认证课程证书）。曾先生为颁发这份证书，亲临深圳参加汇才举办的专业成就颁奖典礼。此后颁奖礼成为教练界每年一度的盛事，直至 2007 年 6 月在北京举行的教练与企业社会责任国际论坛暨颁奖礼。汇才获得的 ICF 国际教练认证课程 ACCP 由 TAction 和 CP 组成，在 2002 年年初递交 ICF 申请成为国际教练认证课程，事隔 18 个月之后获评委通过。2002 年汇才的事业已经扎根，参与 ICF 的认证系统是出于表态支持这个机构，无心插柳，这份远道而来的国际认证，让所有汇才人紧绷的神经得以舒缓。一切都是刚刚好。教练技术从此在中国正名为 REN 人本教练，此后 ACCP 每隔半年就升级一次，务求和时代发展同步，带给学生更高的学习价值。

ICF 国际教练认证课程证书是锦上添花，还有很多雪中送炭的幕后英雄，这些人从来就没有要求我们感恩，只是功成身退，但在我的心中都留下了永不磨灭的印记。

当众人举杯庆祝的时候，灭顶之灾的风暴却在慢慢地酝酿……

2005 年年初汇才宣布上市计划，经过了 3 年的准备，万事俱备，只等待 2008 年 8 月份正式上市。然而，情势急转直下，2007 年 9 月 18 日我进入北京市第一看守所，2007 年 11 月 18 日汇才公司正式关闭。

第三代教练技术——REN 人本教练

祸福倚伏，在很多人眼里的悲剧，却成了我量子跃进式的成长机会。身陷囹圄是一次绝佳的"闭关"修行机会，从神奇的灵性成长，到义无反顾地坚定当初的中国梦。这是我之前无法想象的质变。

其间我曾经问我自己是否还继续做教练技术，我心中冒出的答案是：我已经豁出所有，没有什么可以再贡献给祖国了！但是事实让我慢慢改变了自己的想法。在那两年中，当我用教练技术帮助身边的姐妹调整心态，看到有的姐妹因此获得重生机会，看到她们在教练技术的支持下慢慢地转变，我知道我的理想必须继续下去。

2009年12月我开始了为期半年的云游，从加拿大到美国到英国，从丹麦到瑞典，一边总结这两年"闭关"的体验，一边观摩教练业最新的发展。其间我亲身体验了剑桥大学的教练课程，发现两年前的 ACCP 原来如此超前。十多年的磨炼没有白费。不过十多年的经历也必须放下，人本教练要往更高的层次走，因为世界一直在进步。

回来之后我成立了人本教练研究中心，注入我所有的积累和经验，结合我在"闭关"和云游期间所得的感悟，开始"闭门炼剑"。第三代教练技术在 2011 年年初正式登台，取名"REN 人本教练整合训练"，简称为"REN 人本教练"。第三代教练技术的创建基于 2006 年在台湾实验改版的基础之上。当年通过各方面的反馈，我意识到第二代教练技术需要脱胎换骨地改版，但是当时所有人都如火如荼地在经营 ACCP，朝着公司上市的方向前进，那时研发实验必定会受到排斥，最终这个想法只会胎死腹中。我离开使馆的工作后曾拜读了斯科特·派克（Scott Peck）的 *The Road Less Travelled*（《少有人走的路》），这本书坚定了我一贯的信念，因为我深信这个世界上没有难行的路，只有难下的决心。事实上我也喜欢选择少有人走的路，虽然这样的道路总是荆棘满途，但是没那么拥挤，而且充满挑战的乐趣。于是我另辟蹊径，在台湾成立分公司，实验崭新的REN人本教练培训，希望日后再移植到中国大陆。值得欣喜的是，现在台湾最顶尖的五位教练都是当年REN人本教练的毕业生。这些经验使我相信教练技术培训可以用更有效的方式传授。

事隔三年，各方面的科学和心理学都有长足的进步，教练技术也必须重新思考如何与新时代的人文风貌和诉求接轨。教练自身的修为、大脑科学与行为息息相关的知识，以及人与自然和谐相处的紧迫性，都是第三代教练技术考虑的范畴。第三代教练技术扬弃了第二代教练技术的框架，但是保留了部分精华环节，将过去聚焦在目标成果为导向，转向觉知为导向，全面锻炼教练的身、心、觉以获得整全的生活成果，自然而然地达到目标，以便携互动体验式学习PIE(Portable Interactive Experiential Learning)实现低碳环保的学习方法。重新编程的REN CP教练理论从"术"出发，逐渐抛开"术"的表面，进入人的内心，带领学生进入自我探索、自我发现、自我整合的道路，启发学生成为自己最好的教练，推己及人。第三代教练技术不止在课程范畴和内容方面进行了改革，而且采用了化繁为简的运营模式，让经营者不再以身体健康作为事业的代价。事实上，2006年推出的绿色汇才，就是希望平衡员工的工作压力，但是无奈课程和经营的结构性问题，让员工无法逃离高强度工作的范畴。也许汇才的坍塌也不一定是坏事，不然第二代教练技术也不能釜底抽薪朝着更高的层次发展。

无独有偶，国际上顶尖的教练也在思考、在探索……

2012年5月我正要前往美国波士顿参加哈佛大学医学院教授有关大脑科学和教练的课程,临行前接到消息,英国的教练元老惠特默来华访问,希望可以与我会面。但是我们的时间刚好交错,他离开北京之日,我应还在哈佛上课。我们相互慕名已久,我在2006年获得了ICF颁发的最高荣誉President Award(主席奖),而惠特默在2007年获得同样荣誉,但是我们却从来没有接触过,所以彼此都很期待可以见面。我的行程已定,也不想错过一年一度的进修,虽然惠特默的行程也非常紧凑,但最后他还是接受我的邀请,在北京游览两天,待我从美国返回之后,直接和我在机场附近见面。当我们握手的时候,他第一句话就是:I've heard about you a long time ago, now that we see each other finally(我对你慕名已久,现在终于相见)。其实我也在很早以前拜读过惠特默的GROW理论,这次可以面对面交流,我们就像久别重逢的老朋友,无话不谈。最巧的是惠特默和添·高威也是朋友,当年他们相互支持发展教练事业,惠特默在英国,添·高威在美国,伦纳德推而广之,其后我顺着他们的足印在中国发展。我们从古到今、从教练到科学无所不谈,惠特默畅谈他最新的Whole System(全系统)理念。在这个过程中,我发现他的全系统理念和第三代人本教练的整全理念居然如此相似。神奇的共时性,使我相信会有更多的教练在思考,在前进;惠特默依然在前进的路上;一贯低调的添·高威看似不太活跃,其实他的学问已经从北美传播到南美及欧洲,而且朝着eCoach(网上教练)发展……我知道教练精神的脚步一直在不断地前进。

路上知遇，铭记于心

各位亲爱的读者，请允许我用以下篇幅陈述一批对人本教练做出巨大贡献的人士，请你以宽容忍耐的心陪伴我重温这段岁月，因为我相信十年之后，他们将会在教练业留下重要的印记，让我们一起来见证这段历史。

虽然我视汇才的落幕是人生一次不可多得的宝贵体验，但是我对那些曾经跟我共同奋斗的同事却一直心有愧疚，很遗憾不能带领他们走上国际资本市场，因为我想和大家一起分享中华文化在世界管理界崛起的荣誉。而我更遗憾的是让他们经历了一段忧心忡忡的日子。不过汇才人就是汇才人，在短短的几年后，他们就做出了非凡的成就。

首先是Hugo(CT1导师)和Annie(副总裁)，他们夫妇俩协助我当初第一代的徒弟周岩(大雁)成功打造了北京大学教练文化与科学研究中心，通过高等学府的支持传播教练技术。他们也将"成长心连心"的精神带进监狱，举办"有爱有希望，家在不远方"公益活动，为和谐中国尽心尽力。然后是Catherine吴泳怡(副总裁)成立了拓思顾问与教练机构，Catherine当年主持的企业部为很多企业引进教练技术立下汗马功劳，她的著作《团队加减法》是一本团队教练必读的书籍。她的训练课程也获得了ICF和欧洲教练协会的认证。还有Simon何伟棠(CT1导师和副总裁)，这位翩翩公子仍然是个人成长训练的优秀导师。屈钢(CT1导师)演而优则导，他训练的徒弟一如他幽默的性格，广受欢迎。出身演艺界的他，充满了艺术细胞，他的字画一如其人，优雅活泼兼而有之。我推荐大家到他新近落成的工作室交流艺术人生。

当年还在学徒阶段的雨杨已经成为优秀的CT1导师，他所做的CP教练技术理论跟当年一样精彩，喜欢每年独自驱车遨游远方体验人生的习惯还是不变，这足以说明他是一位自强不息的导师。另外一位CP教练技术理论导师和CT1学徒James黄俊华则笔耕不辍，继当年在汇才出版的简体版《教练的智慧》《Jack是谁？》《你喜欢吃榴莲吗？》《可爱的怪兽》《九型人格》，还有繁体版的《你想要什么？》《改变才有救》《教练，帮助你成功！》这些公务作品之后，近年，他又陆续出版了《心态辞典》和《教练说》系列三本，可喜可贺。妙雍君则一洗当年木讷的性格，现在主持一家培训公司，对教练学有独到的人生见解。Crystal秦卫东，是我心爱的二代徒弟。Crystal在经历了癌症的煎熬之后，还坚持在训练场上努力，执笔之际，她已经开始收徒弟，我在此衷心祝福她。徐欣，陪着我在印度教授"心仪深意"课程，陪着我赶飞机从新德里回到北京，目睹我在风中回头挥手，然后看着我消失在高墙之后，这是什么样的缘分啊！她是优秀的CT2导师，也是一位充满爱心的妈妈。王菲则从CP教练技术理论转向CT2，她严谨认真的态度获得同学们一致好评。她和雨杨、Crystal参与了第三代教练技术的第一稿研发，促进了第三代教练技术的发展。

同时还有一批汇才老同事包括李勤、Angel李雨漪、Lily朱月洁、徐正华、季海燕、Echo、Suffi、齐建英、胡琬、李勇为第三代教练技术的推广打下了基础。另外，留守在教练技术的徒弟和员工还有很多很多，譬如经历重重磨难的李亚林、唐侃，譬如默默耕耘的 Jason 马卫俊、曾松，CP 教练理论导师邱谷兰，脚踏实地的 CT2 导师荆雯，兢兢业业的胡艳和张小弈夫妇，孜孜不倦的林涛，虔诚的董英路，还有 Kelly 谭健儿、Coco 杨奕带着多年城市管理磨炼出来的经验转为导师，Coco 还提携了她的弟弟杨浩成为导师。还有很多很多从这次突变的阴霾中走出自己道路的同事，若有遗漏，多多包涵。

汇才还有一批优秀的学生，当年用自己的方式传播汇才的教练技术，有的已经意兴阑珊，但是更多的还在积极进取。成绩卓著的，比如深圳的宏才在 2007 年接收了深圳汇才的同事，间接照顾了一批家庭，维护着教练技术在南方的发展；翱鹰集团的陈王坚持了十个年头依然孜孜不倦；习惯性紧皱眉头的深圳同人国兴文化发展有限公司的 Linda 现在已经习惯笑容满面；热血青年马志军领导的蓝天人力发展机构历尽坎坷仍然艰难前行；百折不挠的应伟在天津领航和力修能披荆斩棘一路高歌前行……

另外有更多的学生成为狮子会贡献社会力量的中坚分子，有的自发成立公益机构服务社群，如温商发展研究会、温商慈善基金会、蓝丝带家园、以诺教育基金会、佛山阳光会、中国教练联合会、杭州教练同学会、新疆教练协会、济南教练型企业家俱乐部，还有很多很多这类型热爱祖国的机构，不能尽录。还有首信创智文化传播的吴繁，他是北京汇才早期的学生。吴繁成立的北京汇才国际会议服务公司，不但支持了当年汇才在北京密集的上课场地需求，在几年之后吴繁也大力支持了第三代教练技术的推广,包括转让出他成立的公司,让第三代教练技术可以在"汇才国际"的名义下面世。吴繁更来回奔走,支持第三代教练技术——REN人本教练整合训练和ICES获得人保部CETTIC(中国就业培训技术指导中心)的企业教练师认证,REN人本教练整合训练成为第一个获得同家认证的教练培训课程。吴繁的一番努力最终告吹,因为经营团队自身的问题,我选择了终止合作。

教练技术得以在中国大地延绵不绝,除了一群愿意站在最前线的传播者,同样重要的是那群坚持在生活中实践并取得卓越成就的同学,他们当中有企业家,企业性质横跨制造、能源、百货、服装、饰品、超市、金融、饮食、医疗、美容、养生、旅游等,数不胜数,另外还有专业人士如律师、医生、职业经理人、教育工作者、公务员、政界人士、艺术家、广告界才俊等。我在此谨祝福大家百尺竿头,更进一步。

我为那些继续坚持在第一线的老同事感到自豪,每一次我听到他们的成就,都会在心中默默为他们祈祷,祝愿他们再接再厉。我的第三代徒弟们也在努力建设和推广人本教练精神,他们肩负激扬禀赋、启导宏才的精神,为第三代教练技术立下里程碑。他们谦卑的服务精神,使得第三代教练技术成绩斐然。一马当先的Jeff徐正华、英姿飒爽的陈淑益、坚韧不拔的柳丹、脱胎换骨的欧阳娅琳、忠心耿耿的林颖都行走在前行的路上。始终保持整装待发状态的Lily朱月洁,入行13年后终于如愿以偿走上了舞台。还有文采飞扬的刘海峰，他把人本教练模式里面的重要组成部分——"九点领导力"用《三国演义》中的人物来演绎诠释，并写成一本《九点领导力使用手册：破译三国中的领导力密码》，这是一本非常实用的精彩著作。他的《教练精神》也是不可错过的、值得收藏的书籍。他们都是人本教练技术的元老级人马，但都不曾停止自身的锻炼和提升。乔丽芳是新晋的训练师，她的出场方式总是让人眼前一亮，而低调沉稳的潘昕又是另外一种稳重的魅力。学问渊博的丽萍、优雅的李军和细腻的李娴是新一代训练师中的黑马，当所有人还没有从惊叹中平复过来，他们已经非常从容淡定地完成了他们的工作。

还有很多很多徒弟都在努力当中，有的还承担人本教练运营商的工作。欧阳娅琳在杭州先拔头筹，纪晓玥在济南紧随其后，徐正华和太太雨岑在上海双剑合璧，徐英和唐晏枋在北京旗鼓相当，秉璋、付桂波、曹小珍、邓侠、方芳在厦门和福州遥相呼应，曹敬唯在西安撑起一片天，而太原的刘江则从旁相助。邱鸣在姐姐邱宏的支持下在兰州旗开得胜，吴宛蓉带着新进师弟妹佳妮、陈弈龙、范志刚在广东纵横，黄丽华在上海后来居上。一批教练徒弟如朋飞、笑薇、俊清、景辉、李芬、陈雁、伟征、汶其、李震则全力以赴，以晏教练的身份支持在各地举办的 REN 人本教练课程。"成长心连心"活动从大学版到企业版再到家庭版，经常会看到元斌、袁笑青、刘晓荔、苏小玲、邵亚平的身影。而阮韬和 Alice 陈宝茹在修行徒弟李珈慧的支持下坐镇大后方，支持品牌监管的工作。修行徒弟刘利英、范志川积极推动幸福企业，徐辉是便携式学习工具《乐学春秋》的功臣。

最后要感谢另外一群胸怀理想的运营商：秦皇岛的刘吉川、王付军，杭州的任冬英，重庆的王英，等等。人本教练的路上因有你们同行而更精彩！

在此分享我一篇早前发表的散文《都说＜中国合伙人＞》，以勉励大家谨记不忘初心，方得始终。

都说《中国合伙人》

终于在香港上演了。
怀着好奇心走进久违的电影院，
没想到它带我回到从前那些日子，
不期然心潮此起彼伏。

那一幕，
废工厂，
夜里飘着雪，
成东青正准备好开课。
忽然间，
灯灭，
刹那间，
所有同学举起自备的手电筒，
一闪一闪的亮光照着老师。
这房间就是全世界，
承载着很多人的梦想。

老师的，

学生的。

回想 2002 年 6 月 28 日，

那连续七天惊涛骇浪的日子，

跟自己说；

不能倒，

不能倒，

不能让那些投信任票的人委屈，

怎么样都不能倒。

不知道那段日子是怎样走过来的，

只记得好多小小的亮光照着前面的路，

感谢曾经举起手电筒的你……

那一幕，

王阳醉着酒，

唱着 Beyond 的《海阔天空》

"今天我寒夜里看雪飘过 /

怀着冷却了的心窝飘远方 /

风雨里追赶 /

雾里分不清影踪 /

天空海阔你与我 /

可会变（谁没在变）"。

回想多少个夜晚，

为教练摇篮里的你播着这首歌,

为你在黑暗中偷偷地随着哼唱。

"多少次迎着冷眼与嘲笑／

从没有放弃过心中的理想／

一刹那恍惚／

若有所失的感觉／

不知不觉已变淡／

心里爱（谁明白我）"。

那一幕,

孟晓骏宣告:

我要成为 No.1,

第一个登上月球的人,

站在纳斯达克的舞台上。

不期而遇,

多少年难以妥协外国的月亮分外圆,

华人有太多可以贡献给这个世界,

华人教练要成为这舞台上的第一个,

即便事与愿违。

那一幕,

成东青自信地说:

The playing field has never been even。

总有一些事情更重要。

是的，

这个世界从来就没有公平，

天平上一面是梦想，

一面是恐惧，

总有一些事情更重要。

心中继续哼唱着：

"原谅我这一生不羁放纵爱自由 /

也会怕有一天会跌倒 /

背弃了理想 /

谁人都可以 /

哪会怕有一天只你共我"。

黄荣华

参考文献

1. 彼得·圣吉. 第五项修炼[M]. 郭进隆, 译. 上海: 上海三联书店, 2005.

2. 苏勇, 罗殿军. 管理沟通[M]. 上海: 复旦大学出版社, 2005.

3. 萧启宏. 从人字说起[M]. 北京: 新世界出版社, 2004.

4. 赵定宪、赵腾. 四书通译[M]. 上海: 学林出版社, 2004.

5. 姜妮, 虞涛. 承诺的艺术[M]. 北京: 中国经济出版社, 2004.

6. 梁小民. 微观经济学[M]. 北京: 中国社会科学出版社, 2004.

7. 李普士. 禅的故事[M]. 唐汶, 编译. 海口: 海南出版社, 2004.

8. 理查德·斯坦纳克. 别控制我[M]. 肖薇, 译. 广州: 花城出版社, 2003.

9. 赵世民. 汉字——中同文化的基因[M]. 南宁. 广西人民出版社, 2003.

10. 南怀瑾. 论语别裁[M]. 上海: 复旦大学出版社, 2003.

11. 柯林·比尔德, 约翰·威尔逊. 体验式学习的力量[M]. 黄荣华, 译, 广州: 中山大学出版社, 2003.

12. 保罗·托马斯, 大卫·伯恩. 执行力[M]. 白山, 译. 北京: 中国长安出版社, 2003.

13. 徐君.儒家经典[M].西宁：青海人民出版社，2003.

14. 田洪江.兵家经典[M].西宁：青海人民出版社，2003.

15. 刘国生.道家经典[M].西宁：青海人民出版社，2003.

16. 刘国生.佛家经典[M].西宁：青海人民出版社，2003.

17. 夏莉.关于共赢理念的哲学建构[J].中共中央党校学报，2003.

18. 梁立邦，段传敏.企业教练——领导力革命[M].广州：中山大学出版社，2002.

19. 敏求.四书五经：尚书[M].乌鲁木齐：新疆人民出版社，2002.

20. 薛学共.四书五经：礼记[M].乌鲁木齐：新疆人民出版社，2002.

21. 秦颖.四书五经：周易[M].乌鲁木齐：新疆人民出版社，2002.

22. 张德，陈国权.组织行为学[M].北京：清华大学出版社，2002.

23. 苏东水.管理心理学[M].上海：复旦大学出版社.2002.

24. 许慎.说文解字[M].南京：江苏古籍出版社，2001.

25. 约翰·布里格斯，F·戴维·皮特.混沌七鉴——来自易学的永恒智慧[M].陈忠，金纬，译.上海：上海科技教育出版社，2001.

26. W. Timothy Gallwey.*The Inner Game of Work* [M]. New York：Random House Group，2001.

27. 波特·马金. 组织和心理契约——对工作人员的管理 [M]. 王新超, 译. 北京: 北京大学出版社, 2001.

28. 王艳. 魔鬼创新 [M]. 延边: 延边大学出版社, 2001.

29. 史蒂文森. 以预见创造未来 [M]. 克鲁克香克, 整理. 北京: 中国人民大学出版社, 2000.

30. 金玉阶, 孙宁华. 现代企业管理原理 [M]. 广州: 中山大学出版社, 2000.

31. 隆纳·海菲兹. 调适性领导 [M]. 刘慧玉, 译. 台湾: 麦田出版有限公司, 1999.

32. 吴楚才, 吴调侯. 古文观止译注 [M]. 李梦生, 史良昭等, 译. 上海: 上海古籍出版社, 1999.

33. 弗兰克. 活出意义来 [M]. 赵可式, 沈锦惠, 朱晓权, 译. 上海: 生活·读书·新知三联书店, 1998.

34. 于省吾. 甲骨文字诂林 [M]. 北京: 中华书局, 1996.

35. 罗贯中. 三国演义 [M]. 上海: 上海古籍出版社, 1995.

36. 罗竹风. 汉语大词典 [M]. 上海: 上海辞书出版社, 1986.

37. 罗素. 宗教与科学 [M]. 徐奕春, 林国夫, 译. 北京: 商务印书馆, 1982.

38. 洪谦. 西方现代资产阶级哲学论著选辑 [M]. 北京: 商务印书馆, 1982.

39. 霍尔特等. 新实在论 [M]. 北京: 商务印书馆, 1980.